neue frau
herausgegeben von
Angela Praesent

Colette
Blaue Flamme

Deutsch von
Uli Aumüller

Mit einem Nachwort
von Angela Praesent

rororo

Rowohlt

Die französische Originalausgabe erschien unter dem Titel
«Le Fanal bleu» bei Librairie Hachette, Paris
Foto der Autorin von Ripnitzkij, Paris
Umschlagentwurf Isa Petrikat-Velonis
Deutsche Erstausgabe

1.–25. Tausend Mai 1979
26.–33. Tausend März 1980

Veröffentlicht im Rowohlt Taschenbuch Verlag GmbH,
Reinbek bei Hamburg, Mai 1979

Gesetzt aus der Aldus (Linotron 505 C)
Gesamtherstellung Clausen & Bosse, Leck
Printed in Germany
380-ISBN 3 499 14371 2

Die rororo-Reihe «neue frau» legt erzählende Texte aus den Literaturen aller Länder vor, deren Thema die konkrete sinnliche Erfahrung von Frauen und ihre Suche nach einem selbstbestimmten Leben ist. Die monatlich erscheinenden Bände wenden sich an alle, die mit Spannung verfolgen, wie sich die Beziehung der Geschlechter und das Selbstverständnis der Frau wandelt.

Daß unsere kostbaren Sinne mit zunehmendem Alter abstumpfen, darf uns nicht über Gebühr erschrecken. Ich schreibe «uns», doch gilt diese Ermahnung mir selbst. Vor allem möchte ich, daß der neue, allmählich erreichte Zustand mich auf keinen Fall über seine wahre Natur hinwegtäuscht. Er trägt einen Namen, er macht mich wachsam, unsicher und befähigt mich zu neuen Anpassungen. Ich freue mich nicht gerade darüber, aber mir bleibt keine andere Wahl.

Wenn ich mich von meiner Lektüre oder dem bläulichen Papier, auf dem ich schreibe, dem herrlichen Spielplatz zuwandte, dessen Anblick mir vergönnt ist, habe ich wiederholt gedacht: «Die Kinder im Park lärmen dieses Jahr weniger»; kurz darauf beschuldigte ich die Türklingel, das Telefon und alle Orchesterklänge des Radios, mehr und mehr zu verstummen. Für die Porzellanlampe wiederum – ich meine nicht das Tag und Nacht brennende blaue «Leuchtfeuer» – nein, die hübsche, mit Sträußen und Ornamenten bemalte Lampe – für sie hatte ich nur ein ungerechtes Brummeln übrig: «Was hat die denn nur gegessen, daß sie so schwer ist?» Oh, man macht immer wieder neue Entdeckungen! Man muß nur abwarten, damit alles sich klärt. Statt Inseln anzulaufen, treibe ich also dieser Weite entgegen, wo nur noch das einsame Geräusch des Herzens hingelangt, das dem der Brandung gleicht. Aber beruhigen wir uns: nichts stirbt ab, ich bin es, die sich entfernt. Die Weite, aber nicht die Wüste. Zu entdecken, daß es keine Wüste gibt: das ist genug, um Herr zu werden über das, was mich bedroht.

Vier Jahre sind vergangen, seit ich ‹L'étoile Vesper› veröffentlicht habe. Es waren kurze Jahre, wie Jahre es eben sind, die immer gleiche Vormittage haben und Abende wie verschlossene Gefäße, mit einem kleinen, unvorhergesehenen Mittelpunkt gleich einem Kern. Ich hatte ‹L'étoile Vesper› in aller Aufrichtigkeit mein letztes Buch genannt. Ich habe jedoch gemerkt, daß Aufhören ebenso schwierig ist wie Weitermachen. Unter meinem blauen Fanal sitzend, wird die Kette, an der ich liege, immer kürzer, mein körperlicher Schmerz dagegen immer beständiger. Aber wie viele Möglichkeiten, mich fortzubewegen, sind mir – vom Gehen abgesehen – doch noch verblieben! 1946 war ich in Uriage, 1947 in Genf und im Beaujolais, 1948 in der Provence – obwohl es mir verboten war. Von einem Auto oder einem Rollstuhl aus zählte ich voller Stolz die wiedergesehenen Landschaften, Ströme und Gestade: «Immerhin, dies kann ich alles noch besichtigen!» Besichtigen? Das sagt man so oder empfindet es zumindest so. Durch ihre ständig zugezogenen Vorhänge hindurch hat Anna de Noailles in der Hinfälligkeit ihrer letzten Lebensjahre mehr Städte, Meere und Berge gesehen als ich.

Eigentlich sollte dieses Buch ein Tagebuch werden. Aber ich bin unfähig, ein richtiges Tagebuch zu führen, nämlich Perle um Perle, Tag um Tag eine dieser Ketten aufzureihen, denen allein schon die Genauigkeit des Schriftstellers, die Betrachtungen, die er über sich und seine Zeit anstellt, einen Wert, das Farbenspiel eines Juwels geben. Es liegt mir nicht, auszuwählen, das Herausragende zu notieren, das Ungewöhnliche festzuhalten, das Banale auszusondern, denn meistens ist es ja das Gewöhnliche, das mich reizt und anregt. Hatte ich mir doch vorgenommen, nach ‹L'étoile Vesper› nichts mehr zu schreiben, und jetzt bin ich dabei, zweihundert Seiten zu füllen, und es sind weder Memoiren, noch ist es ein Tagebuch. Mein Leser möge sich damit abfinden: mein Leuchtfeuer, meine Tag und Nacht brennende Lampe, blau zwischen roten Vorhängen, dicht an das Fenster gedrückt wie einer der Schmetterlinge, die dort im Sommer morgens einschlafen – mein blaues Fanal beleuchtet keine Ereignisse, über deren Größe man staunen könnte.

Es ist zwanzig Jahre oder noch länger her, daß die Prinzessin Edmond de Polignac, die Freundin der Musik und der Musiker, mit einem Blick und einem Wort den vierbeinigen Pult-Tisch verurteilte, der mich von Paris nach Saint-Tropez und zurück begleitete, der in den Herbergen an meinem Bett haltmachte. Ich hing an diesem Möbelstück, das Luc-Albert Moreau, der Maler, Graveur und Oberbastler für mich improvisiert hatte, damit ich an ihm schreiben konnte, ohne mit herunterhängenden Füßen sitzen zu müssen, eine Haltung, die für mein Wohlbefinden und meine Arbeit schon immer schädlich war.

«Ich habe ein kleines englisches Möbelstück», sagte die Prinzessin de Polignac, «das, vergrößert, hervorragend für Sie geeignet wäre.»

Sie irrte sich nicht. Seitdem es verstärkt, befestigt und erhöht wurde und dabei seinen anmutigen englischen Stil des 19. Jahrhunderts weitgehend eingebüßt hat, steht es quer über meiner Bettcouch und dient tatsächlich meiner Erholung und meinem Beruf. In seine solide Mahagoniplatte ist ein verstellbares Pult eingelassen, auf dem Telefon, Obst, Kofferradio und die dicken Bildbände ruhen, die ich mir zur Entspannung von meiner eigenen Schreibarbeit anschaue. Der Aufbau gleitet bequem vom Kopfende bis zu meinen Füßen. Obenauf lege ich einige gute und angenehme Helfer zurecht, darunter das Allzweckmesser mit seinem Skorpiongriff, das Bündel Stifte und Nippsachen ohne bestimmten Nutzen.

Um mich herum herrscht große Unordnung an Blättern und Papieren, doch ist es nur der trügerische Anschein von Unordnung, die mal von gekochten Maronen, mal von einem angebissenen Apfel verstärkt wird. Und seit einem Monat liegt hier auch noch eine – womöglich exotische – Ähre, deren Kapseln feine silberne Samen umschließen und explosionsartig ausstoßen, an denen Fasern hängen, leichter noch als die einer Distel. Diese Quasten befreien sich eine nach der anderen, geraten in die erwärmte Luft unter der Zimmerdecke, schweben dort lange hin und her, fliegen wieder herab, und wenn der Luftsog des Kaminfeuers eine erhascht, schickt sie sich in den Raub, schwingt sich entschlossen in den Kamin und läßt sich willig verzehren. Den Namen der Pflanze kenne ich nicht, die so ihre fliegenden Seelen ausstreut, aber sie braucht sich nicht auszuweisen, um in meinem Museum, dem Museum einer Unwissenden, ihren Platz zu finden.

Wo sind jene geblieben, denen ich für sie selbst und für mich ein langes Leben wünschte? Wäre ich je auf den Gedanken gekommen, daß Marguerite Moreno mich verlassen würde? Bei ihr waren die Ermüdungserscheinungen gelinde; sie lachte geringschätzig, wenn ich die Untätigkeit und den Halbschlaf der Mittagsruhe pries. Aber Marguerite zieht sich eine Erkältung zu und stirbt acht Tage darauf. Und Luc-Albert Moreau trifft einen Freund, ruft fröhlich: «Ah, mein Freund, ich freue mich, dich zu sehen!» und stirbt auf der Stelle an Herzversagen. Und vor ihnen Léon-Paul Fargue. Kurz vor dem Sterben murmelte er in das Blau seiner Bettücher, die er hatte färben lassen: «Viel zu blau . . . unmöglich . . .» Und andere, die ich nicht alle nennen oder gar aufzählen kann. Insgeheim nehme ich ihnen ihr Ende übel, ich schelte sie unvorsichtig und fahrlässig. Mich so plötzlich zu verlassen, mir das anzutun! Daher habe ich ihren Anblick, wie sie zur letzten, endgültigen Ruhe aufgebahrt daliegen, aus meiner Vorstellung und meiner Erinnerung verbannt. Fargue soll plötzlich selbst eine Statue geworden sein? Das will ich nicht. Der Fargue meiner Erinnerung trägt noch seine staubigen Wanderschuhe, er redet, er krault den schwarzen Kopf des Katers, er telefoniert mit mir, er läuft von Lipp nach Ménilmontant, er hadert mit der allzu blauen Dünung seines Lagers. Und Marguerite Morenos goldbeschuhte Füße sollen bewegungslos sein? O nein! In meiner Erinnerung bleiben sie lässig, beweglich, verletzbar und nimmermüde . . .
Meine jüngeren Freunde, die noch höchst lebendig sind, betrachten mich manchmal mit strengem Blick; sie sind auf der Hut. Sie ziehen mir den Schal enger um die Schultern: «Spüren Sie den Luftzug nicht?» – Nein, ich spüre den Luftzug nicht, ‹den› Luftzug, den ihr meint, spüre ich nicht. So weit gehen meine Gedanken nicht, daß ich ihn spürte. Ich habe so viele Gelegenheiten, mich von dem abzuwenden, was ihr verschämt «schlechte Luft» nennt. Vor allem habe ich den Schmerz, diesen immer wieder jungen, aktiven Schmerz, der mir Erstaunen, Wut und Trotz einflößt, der meinen Lebensrhythmus bestimmt; der Schmerz, auf dessen Aufhören ich hoffe, der aber nicht auf das Lebensende hinweist. Glücklicherweise habe ich den Schmerz. Oh, ich gebe zu, daß ich die Kranke hervorkehre und mit ihm

kokettiere, wenn ich das Adverb «glücklicherweise» gebrauche. Sehr wenige Kranke behalten ihr ursprüngliches Wesen, aber ich möchte nicht den Eindruck erwecken, als leitete ich aus meinem Gebrechen einen verwerflichen Stolz, das Recht auf Rücksichtnahme oder einen Minderwertigkeitskomplex ab, der der Ursprung für Verbitterung ist. Ich spreche nicht von denen, die Schmerzen simulieren, sie sind überhaupt nicht interessant und stellen außerdem eine verschwindende Minderheit dar. Ich spiele nicht auf eine bestimmte Kategorie Leidender an, denen es gar nicht so unangenehm ist, auf frischer Tat beim Leiden überrascht oder angetroffen zu werden. Mein Bruder, der Arzt, urteilte die Lustgefühle dieser Menschen in wenigen Worten ab: «Das ist eine Art Ekstase», sagte er. «Das ist so, wie wenn man sich mit einem Streichholz im Ohr bohrt. Das ist ein bißchen obszön.»

Ein großer Politiker, der hinkte, hat mir einmal ein Geständnis gemacht, das ich nicht abwegig fand, obwohl ich zu jener Zeit noch erfreulich gesund war. Dieser Politiker liebte es, mich auf das Niveau verallgemeinernder Gedanken zu heben, er versuchte es zumindest. Ich bemühte mich auch, ihm zu folgen, aber nicht lange. Ich glaube, er hätte mich in vielen Dingen mittelmäßig gefunden, wenn er nicht eines meiner Bücher, nämlich ‹Tagesanbruch› so sehr geliebt hätte. Er hatte den Wunsch, mein Leben mit irgendeiner großen Idee zu bereichern (ich sagte: beschränken), die mir gewissermaßen als Religion, als Quelle der Würde (!!), als Inspiration dienen sollte. Aus Bosheit und zur Vergeltung fragte ich ihn eines Tages, ob er sich eine Existenz vorstellen könnte, die von einem einzigen Gedanken verwüstet würde. Seine Antwort erstaunte mich:

«Sehr wohl», erwiderte er ohne Zögern, «denn ich habe mein ganzes Leben lang, Tag für Tag und fast zu jeder Stunde daran gedacht, daß ich hinke.»

Vor seinem frühen Tod ertrug er mit großer Tapferkeit Unfälle und Operationen. Er hinterließ uns ein bedeutendes literarisches Werk, das ausschließlich – wie sein Leben – der Politik gewidmet war – ausschließlich, von einer ziemlich langen Novelle abgesehen, einer Art Meisterwerk, einer einzigen Novelle, deren Held ein Krüppel ist.

Ich habe also, zum Glück, den Schmerz, den ich mit der Lust am Wetten hinnehme, der superweiblichen Lust am Wetten, oder am Spiel, wenn Sie das vorziehen. Als die «Letzte Katze» im Sterben lag, gab sie mit einer Bewegung ihrer Pfote, mit einem Lächeln ihres Gesichts zu verstehen, daß ein über den Boden schleifender Faden sie immer noch zum Spielen anregte, das Denken und die Phantasie einer Katze immer noch beschäftigte. Mir wird man es an Fadenenden nicht fehlen lassen.

Genf, 1947

Ich komme aus Genf zurück, das bei verhaltener Lautstärke emsig lebt. Zunächst fand ich wenig Ähnlichkeit zwischen der absonderlichen Lebensweise einer Kranken, die sich mitten in einer fremden Stadt einer Behandlung unterzieht, und meinem sonstigen Leben, das seit so langer Zeit und mit so viel gutem Willen einer Krankheit angepaßt ist, an ihre Freuden und ihre Leiden, an eine geliebte Stadt, in der ich den Schmerz fast nicht nötig hatte, um mich wie ein Einsiedler in mutwilliger Einsamkeit oder launiger Geselligkeit einzurichten.

Von meiner Zelle im Hotel aus war von der Hauptstadt der Schweiz nichts zu spüren und nichts zu hören. Ihr heutiges Pflaster ist allerdings auch glatt und wird von lautlosen Autos befahren. Morgens sammelt ein Schubkarren in der kleinen Grünanlage Blätter und Ästchen auf. Und Papier? Nein, in Genf liegt kein Papier auf der Erde! Der kleine Schubkarren rollt auf zwei dicken, luftgefüllten Gummischlangen. Von meinem Fenster aus, das an der Biegung eines Seeuferweges liegt, sehe ich nur Autos, die schimmern wie nagelneue Klaviere.

Die ersten Wochen einer langen Kur bringen gleichermaßen Momente der Beruhigung wie der Verschlimmerung meines Zustands, wenn ich die Niedergeschlagenheit als Beruhigung bewerte. Dazu genügt es, daß ich mich an die kurzen, dreißig Jahre zurückliegenden Aufenthalte in einer Genfer Familienpension erinnere, in der Theater- und Music-hall-Künstler mit ebenso bescheidenen pekuniären Mitteln wie ich den Mittagstisch heimsuchten. Meine Taschen füllten sich mit wohlgemeinten Zigaretten (ich rauche nicht), mit kleinen Armbanduhren aus dunklem Stahl und aus Nickel, die pro Stück gut und gerne zehn Franken kosteten, und das zu einer Zeit, als der Schweizer Franken den gleichen Wert hatte wie der französische.

Als ich 1946 nach Genf zurückkehrte, wartete ich darauf, während der April sich zögernd einstellte, daß ein Teil meiner Kräfte zurückkäme oder vielmehr mein Optimismus – was dasselbe ist –, wenn nicht sogar darauf, daß der Schmerz ein Ende nehmen und eine vorwiegend körperlich bedingte Bangigkeit aufhören möge, sich der Wahrnehmung der Stadt und ihrer Bevölkerung zu widersetzen. War ich wirklich so beeinträchtigt, daß der Berg aus hartem Silber jenseits des Genfer Sees mir anfangs nur wie ein Abklatsch der Ansichtskarten vorkam? Anscheinend ja, denn den riesigen Wasserstrahl, der steil aus dem See schießt und sich ständig in ihn zurückschwingt, betrachtete ich nur wie ein majestätisches Spielzeug, eine Ähre, eine in den Wind gestreute, dem Wind trotzende Saat. Anscheinend ja, denn anfangs konnte keine Rede davon sein, den Zustand der Abhängigkeit und Erniedrigung im Verhältnis zu dem Therapeuten, der den Kampf mit meiner Krankheit aufgenommen hatte, zu überwinden.
Zunächst einmal lernte ich das Verhalten eines Patienten in ärztlicher Behandlung, das meine Arzt-Freunde mir nicht beigebracht hatten. Ich lernte Pünktlichkeit und gewöhnte mich an den geregelten Tagesablauf. Zu einer bestimmten Stunde trat ein mächtiger, wohlgesonnener, aber unerbittlicher Fremder bei mir ein. Das war die Stunde, in der ich ihn fürchtete und ihn gleichwohl herbeisehnte, diesen einen Mann, den neuen Mann. Zum Glück war diese Stunde von fieberhafter Putzsucht ausgefüllt, verlangte nach der rosa Garnitur, nach dem mit frischer Schleife gebundenen Nachthemd und dem schnell aufgebügelten Morgenmantel. Der Augenblick, der dem Eintreten eines so mächtigen Mannes vorausgeht, ist aufregender als dessen Quälereien mit Spritzen, Massagen, Stromstößen, die durch seine leibhaftige Anwesenheit erträglicher werden. Nach dem unwillkürlichen Aufschrei oder dem Zähneknirschen gestattete ich mir ein Lachen, das anständiger ist als Schluchzen, gab ich einen herzhaften Fluch, einen derben Scherz von mir, die der Arzt mir verzieh. Dann kam ich für einen Augenblick in den Genuß einer überaus angenehmen, herzlichen Unterhaltung, die mich erleichterte und von mir selbst erlöste, und dann hieß es: «. . . lieber Doktor, bis morgen.»

Mein Genf von einst mußte ich wohl ganz vergessen haben, denn bei den ersten Ausflügen im Wagen, bei Einbruch der Aprilnacht, wunderte ich mich so sehr darüber, daß dieser Strom von Fußgängern, Fahrrädern, lautlosen amerikanischen Autos, dieses Gedränge ohne Getöse, diese Betriebsamkeit ohne Zusammenstöße, dieses geordnete Hasten Genf sein sollten. Am meinsten staunte ich nach meinen sechs Jahren in der Abgeschiedenheit des verdunkelten Paris – im blauen Licht des Kellers, im Schwarz des Krieges, im Rot der Kerzenstümpfe – über die Festbeleuchtung. Eine verschwenderische Flut von rosa Licht verwandelte die überquellenden und wohlgeordneten Schaukästen der Läden für Lebensmittel, Spitzenwaren, Schuhe und Parfums in schwirrende Aquarien. Ich kam aus dem Staunen nicht mehr heraus. Was! Schokolade zum Greifen nahe, und der Kuchen in den Konditoreien, die man plündern kann und doch nicht erschöpft! Milch, reine, hochgeschätzte MILCH in Reichweite meiner Hand, meines entwöhnten Mundes. Milch, in Paris nach den Vorschriften der «Fünf» tröpfchenweise und bläulich schimmernd zugeteilt, wird hier an jeder Haustür verkauft. Ein jeder, ich eingeschlossen, kann sich hier in ein Gartenlokal oder in eine Eisdiele setzen, eine, zwei, drei Tassen Milch verlangen und sie auch bekommen. Jedem steht es frei, sie aus einem roten Becher mit weißen Tupfen zu trinken oder aus einem blauen, so blau wie die Immergrün-Blüte. Oder aus einem Plastikbecher, der so weiß ist wie sie selbst, in dem man sie nicht sieht, aber schmeckt. Steht es mir frei, sie in meinem Hotelzimmer zu jeder beliebigen Zeit zu bestellen, entweder eiskalt und geschmacklos oder lauwarm, an das samtige Euter erinnernd, mit Kaffee gefärbt, variiert, schaumig geschlagen, heiß mit Vanille, Zucker und Rum? Ich werde mich lange nicht daran satt sehen können, wie die Milch in einer blankpolierten Kanne, von Kinderhänden getragen, die Stadt durchläuft, zu beobachten, wie sie mir bei meinen Ausflügen auf Rädern in regelmäßigen Abständen begegnet: schutzlos und vertrauensvoll vor dem halbgeöffneten Törchen der Chalets stehend, an einem niedrigen Ast zwischen grünen Kirschen hängend, mutterseelenallein auf der kleinen Gartenmauer abgestellt und von der Katze bewacht!

Wer nicht den Bürgersteig entlangschlendern und sich den Zu-

fällen und Launen eines Fußgängers überlassen kann, für den bleibt nur der oberflächliche Anblick von flüchtigen Städten, von Gebäuden mit verführerischen optischen Täuschungen. Schon jetzt bin ich nicht nur entschlossen, mich mit diesen oder jenen zu begnügen, sondern ich ermutige mich sogar dazu. Was habe ich zu verlieren? Nichts mehr. Im Gegenteil. Die Trugbilder drängen sich auf. Aber nein, dies ist keine Heckenschere, dies ist das neue Gerät, das ganz von selbst Kaffee kocht. Und jener hübsche, sanft geschwungene Gegenstand ist keineswegs das ideale Klettergerüst für Schlingknöterich, sondern eine Hosenbügelmaschine. Die praktische Erfindungskunst bringt hier nämlich wahre Wunder zustande. Wie lange noch werden bestimmte Geschäfte, die sich bescheiden «Eisenwarenhandlung» nennen, unerreichbar für mich sein? Ich wünschte, ich könnte wenigstens meine Nase gegen ihre Schaufenster drücken und mich an dem gefirnißten Holz, dem rosigen Buchenholz, dem emaillierten Eisen und dem Aluminium berauschen, so sehr erweckt die Schweizer Findigkeit bei ihrem Anblick den Gedanken an Kunst und Harmonie. Wenn ich dagegen an die Läden mit Kunstgegenständen und Kunstgewerbe denke . . .
Aber niemand hat mich aufgefordert, Kunstkritik zu üben, Aussagen über Landschaftsgemälde, rosige Akte oder Stilleben abzugeben, und was sollte ich wohl mit einer Schreibunterlage aus punziertem Leder oder einem kristallenen Ziergefäß anfangen? Lassen wir die Kunst in Ruhe; es wird mir reichlich vergolten, wenn ich mit verlangsamter Geschwindigkeit ganz dicht an den Läden vorbeifahre, deren ausgestellte Eßwaren alle wie frischgelegt aussehen. Kunst bedeutet hier den Zustand der Reinheit, bedeutet die peinliche Sorgfalt, die gewissenhafte Verkäuferin. Die Kunst, der Luxus, das ist das Papier: gemustertes Papier, gezacktes, gefaltetes, vergoldetes, verschwenderisches Papier, weiß wie Schnee, blau wie der Gletscher. Verglichen mit dessen hygienischer Hülle und Fülle, wird uns das in winzigen Stücken genutzte Leinen unseres zur Knauserigkeit gezwungenen Frankreichs etwas dürftig vorkommen.
Bananen, noch saftige Spätäpfel, frühe Erdbeeren, Apfelsinen, Eier, geschlagene oder ungeschlagene Sahne. Im Gegensatz dazu: kein Käse, höchstens grammweise, kein Reis, keine Butter,

außer mit Hilfe von Tricks und Beziehungen. Ungläubig rufen wir aus: «Kein Schweizer Käse in der Schweiz? Das ist wohl ein Witz!» Wir halten das für einen scherzhaften Streich, bis uns das ernsthafte Wesen der Einheimischen wieder ernst werden läßt. «Nein, momentan gibt es keinen», sagt die charmante junge Genferin. Sie trägt maßgeschneiderte Kleider und Juwelen. Aber sie hat keinen Schweizer Käse, keine Butter. Sie hat Respekt vor der Rationierung und mogelt nicht. Vielleicht haben sie in der Schweiz keinen Teufel . . .

Und, auf andere Weise gesättigt, trösten wir uns, indem wir das Brot ohne Belag essen, das Kuchen-Brot, das Rosinen-Brot, das Brot für Leckermäuler. Es schmeckt so gut, daß wir vor lauter Schüchternheit unser Verlangen nicht stillen können und bei Tisch nicht wagen, es mehr als zweimal nachzubestellen.

In der Erkundung der Genfer Annehmlichkeiten bin ich nur in kleinen Sprüngen vorangekommen, wenn ich so sagen darf. Der Frühling verzögert sich, und von einem Krankenlager aus nimmt man vom Leben der Gesunden nur einen knappen Ausschnitt wahr. Um acht Uhr abends war ich am Ende meiner Kräfte. Ein Tablett wurde gebracht, beladen mit Rohkost, gegrilltem Fleisch, rohem Gemüse, Obst – wer kennt die sogenannte Krankenkost nicht auswendig? Danach kam meine leuchtende Ruhezeit. Durch das offene Fenster, das ein nach und nach nächtlicher werdendes Blau umrahmt, sehe ich einen Zipfel des Sees, der eine Brücke und Kais widerspiegelt. Bis spät nach Mitternacht umgrenzen bunte Leuchtschriften, Scheinwerfer und die Perlen der elektrischen Beleuchtung den See. Morgen wird der Frühnebel mir die in allen Regenbogenfarben schillernde, wie belebt sich über die Dächer schwingende Kathedrale wiederbringen und die seltsamen Glaskuppeln, die sich über den Innenhöfen wölben. Morgen früh werde ich die friedliche, dunstige Morgenröte haben und das Kreisen der Schwalben. Abends habe ich die bunten Lichtgirlanden, deren Spiegelung im Wasser badet und sich ausdehnt. Ein bestimmtes Reklame-Blau preist die nationale Uhrenfabrikation, leuchtet im Kontrast zu einem Absinth-Grün noch stärker auf, während ein Scharlachrot sich bis zu den nachenförmigen Leibern dreier Schwäne fortpflanzt, die sich auf ihrem eigenen Spiegelbild wiegen.

Es ist zweifellos ein Vergnügen, ein solches Schauspiel aus Lichtern und Schatten unmittelbar vor Augen zu haben, ohne sich aufzustützen, ohne den Kopf zu drehen, ohne sich im Bett aufzurichten, und es erst aus den Augen zu verlieren, wenn uns die Lider zufallen. Was uns leichtfällt, ist ein Vergnügen, selbst wenn ein bitterer Tropfen sich hineinmischt: wenn ich nicht – da und da, und auch noch da – diesen . . . nun ja, diesen Schmerz hätte, wäre ich nie auf den Gedanken gekommen, mein Bett in einem genauestens berechneten Winkel aufstellen zu lassen, so daß ich im Liegen drei Horizonte erforschen kann, ohne mich zu rühren. Wer beweglich und in guter Verfassung ist, hat so viel Bequemlichkeit nicht nötig.

«Ich werde selbst gehen», sagt eine Freundin, die ein paar Tage in Genf verbringt, «und das, was Sie hier verlocken könnte, in den Geschäften besorgen. Geben Sie mir eine Liste.» Ich hatte schon lange Lust auf eine gut gearbeitete Pfeffermühle, eine Mühle, die «mahlt», wie man in meinem Pariser Viertel sagt, und nicht eines jener schlechten, kleinen, schnell stumpf werdenden Räderwerke, die auf unseren Märkten verbreitet sind. Ich wollte einen geflochtenen Strang Nähgarn und einen Strang Nähseide, auf die altmodische Art aus gleich dicken, mehrfarbigen Fäden geflochten und an beiden Enden wie eine Wurst verknotet. Ich habe sie bekommen. Ein bißchen dünn zwar, aber ein hübscher, handgearbeiteter Zopf, ein echtes Stück Posamenterie. Ich wollte Wäscheknöpfe mit vier Löchern aus Perlmutt. Aus Perlmutt, davon lasse ich mich nicht abbringen. Jawohl, aus Perlmutt, so närrisch und verschwenderisch es klingen mag. Und Nadeln, das heißt «englische» Nadeln (schon als ich klein war, war ihr glänzender Umschlag deutsch beschriftet!), Nadeln, die wir, wir Spezialistinnen für Handarbeit, «Nadeln mit schmalem Öhr» nennen. Und Stopfwolle, auf Karten. Und Gummiband, das man in den Bund der Wollschlüpfer einziehen kann. Und Rollen mit Garn der alten Art, «verpichtes» Garn, zum Nähen von Leder. Habe ich Leder genäht, nähe ich, werde ich Leder nähen? Darum geht es hier nicht. Und seidenes Besatzband aus echter Seide, um die ausgeleierten Knopflöcher an Männerjacketts zu erneuern. Erzeugt denn der Anblick, das Anfassen bestimmter «Bedarfsartikel», die nie Veränderungen nach dem Diktat der Ästhetik oder der Mode unterworfen waren, ein merkwürdiges Wohlgefühl? Ganz bestimmt. Doch weil ich noch reich bin, benutze ich die Dinge auch nicht in der üblichen Weise. In einer Art magischer Versunkenheit und Erinnerung schmücke ich mich mit Kurzwaren. Das können Sie sich wohl nicht vorstellen, daß meine vom vielen Schreiben etwas knotige rechte Hand einmal ein solches Meisterwerk an Exaktheit, an Gediegenheit hervorbringen konnte, wie den zart-wulstigen Saum eines Knopflochs an einem Männerjackett? Selbstverständlich meine ich das im Schlaufenstich umsäumte Knopfloch. Das andere, das sogenannte gepaspelte Knopfloch, entbehrt jeder Poesie.

Die Suche nach Polsternadeln dagegen verläuft ergebnislos. In Frankreich nichts. In der Schweiz keine Spur. In den französischen Kaufhäusern antwortet man mir seit langem: «Das kennen wir nicht. Ja, früher, das mag wohl sein . . .», und zwar mit zur Seite geneigtem Kopf, wissen Sie, ein bißchen wie bei einem Hund, dem man ein leeres Glas anbietet. Und als Ersatz bietet man mir Stopfnadeln an! Für den Fall, daß mein bester Freund sich wieder willig und geduldig ans Steuer setzt, plane ich, vor allen kleinen Dorf-Kurzwarenläden anzuhalten. Den richtigen, die noch ein Türchen haben und eine Klingel, wo die Knöpfe in dem Kasten für Wolle liegen, die Wolle in der Schublade für Bänder, die Bänder im Fach für Reißverschlüsse; jenen nach Bückling duftenden Läden, in denen ein kleines Mädchen schließlich in das düstere Hinterzimmer ruft: «Mama, ich finde die Nadeln nicht, die die Dame haben will!»

Sechs Wochen. Schon? Erst? Die Tage verrinnen gleichförmig und schnell. Jeder kreist von seinem Höhepunkt bis zu seinem Ende um die stechende Mahnung an das Leben: den physischen Schmerz. Der «liebe-Doktor-bis-morgen» hat immer noch seine sanfte Stimme und sein Herz, das in seiner Brust zuviel Platz einnimmt und ihm das Atmen erschwert. Das Wetter ist schön – nein, es wird schön. Hinter der Wolke bringt eine fahle Sonne auf den Flanken des Jura etwas Schnee zum Schmelzen. Während in Paris die Rückkehr des Winters verzweifelt aufgenommen wird, empfängt ihn Genf mit der gelassenen Heiterkeit des Reichen. Im Hotel wurde die Heizung wieder angestellt, und obendrein wurden in allen Ecken Heizstrahler plaziert; genauso machen es die Gartenliebhaber, die keine Lücke in ihrem Steingarten sehen können, ohne dort einen Steinbrech oder ein Farnkraut unterzubringen.

Aber keine noch so täuschend ähnliche Nachahmung von Rauhreif konnte die Judenkirschen, die gefüllten Kirschblüten, den blauen und purpurroten Flieder überraschen oder entmutigen, die eigensinnig im Vormarsch waren. Sie sind aufgebrochen, blühen und schlafen draußen. Eine weitere Absage an den Winter steigt in der Dämmerung aus dem stillen und kaum bewegten Schlamm herauf, der auf dem Grund des Sees ruht. Unterwegs auf meinem Krankenspaziergang verschließe ich die Nase vor seiner schwebenden, süßlichen Duftnote. Nicht genug Salz. Der Einheimische dagegen seufzt verzückt: «Ah! Dieser Geruch des Sees! Wenn ich ihn nach längerer Zeit wieder rieche, steigen mir Tränen in die Augen.» Die Rhône, diese volle, grüne Ader, lehnt es ab, sich mit den gemeinen Gewässern zu vermischen; kraftvoll teilt sie jene des Genfer Sees und flieht, zur Mittagsstunde von goldenen Strahlen durchbohrt, von dannen.

Der Spatz, dieser Fußgänger . . . Ich hatte nicht die Absicht, von ihm zu sprechen. Ich wollte ihn lediglich füttern, mehr nicht. Aber in Genf ergreift der Sperling die Initiative und belehrt mich gegen meinen Willen. Hier haben Generationen von rechtschaffenen Leuten Generationen von zutraulichen Vögeln herangezogen. Der französische Buchhändler, der ganz in der Nähe wohnt, nur drei Schritte entfernt – das heißt für mich: fünf bis sechs Räderdrehungen –, hat sich dem Landesbrauch angeschlossen: «Im Winter teilt man die Vögel untereinander auf», erzählt er mir. «Nicht, um sie zu essen, sondern um ihnen zu helfen. Im vorigen Winter, als es eines Nachts plötzlich sehr kalt wurde, mußte ich aufstehen, um eine Möwe zu befreien, deren Füße im Eis des Seeufers steckengeblieben waren, da, vor meiner Haustür, das arme Tier.» Auch mir bringt er meine geistige Nahrung in Form von Büchersonderangeboten auf den Bürgersteig hinaus, wenn ich den Wagen nicht verlassen kann, und verspricht mir für die nächste Woche ganz leise einen Kriminalroman von Peter Cheney. Er weiß, daß die Nächte trotz der langen Frühlingstage nicht so kurz sind, wie die Sperlinge behaupten.

Ihr Schrei ist so eintönig, daß er nicht immer meinen hart erkämpften Morgenschlummer stört; ich ertrage ihn hier ebensogut wie im Palais-Royal. Aber ich war nicht auf das gefaßt, was mir für die Stunde bevorstand, wenn der blitzsaubere Zimmerkellner das Tablett bringt und die vor dem offenen Fenster zugezogenen Gardinen aufzieht; ich war wirklich nicht darauf gefaßt, die Spatzen nicht etwa in mein Zimmer ‹hineinfliegen› zu sehen, sondern sie ‹herausfliegen› zu sehen. Sieben Stück huschten mausgrau unter meinem Bett hervor und gesellten sich zu den anderen Schreihälsen draußen auf dem kleinen Balkon.

Von diesem Tag an hatte ich Mühe, den Fortschritten ihrer Vertraulichkeit – ich sollte sagen: ihrer Aufdringlichkeit – zu folgen. Ihr Appetit war grenzenlos, war endlos. Drei Weibchen gründeten auf dem Balkon eine Kinderkrippe für die schon befiederten Jungen, die aber sehr gut das Betteln und fröstelnde Schnattern ausgehungerter Vögelchen nachahmten.

Jeanne Loewer brachte mir, als Speisung für die morgendliche Versammlung um halb acht, aus La-Chaux-de-Fonds ein dickes, altbackenes Rundbrot mit. Die spindeldürren Weibchen boten den rundbäuchigen Männchen die Stirn, deren Gefieder dichter war und auf Wange und Flügel kokette Zeichnungen trug. Ich beobachtete sie, ich lernte den Vogel, diesen Unbekannten, ein wenig kennen und sagte mir, daß ein Vogel mit vier Füßchen noch anziehender wäre als mit diesen beiden Flügeln, die er à la Napoleon auf dem Rücken gekreuzt hält.

Der Sims aus falschem Mahagoni am Fuß meines Bettes diente den Bittstellern als Vogelstange. Sie beäugten mich, stießen kurze, ungeduldige Signale aus und schnappten die Brotkrume aus der Luft wie Bulldoggen. Wenn ich mich im Badezimmer einschloß, forderte ihre bald angewachsene Schar, daß ich die Tür wieder öffnen sollte. An einem wattigen, schwülen Nachmittag schließlich, gegen Ende meiner Mittagsruhe, spürte ich an meiner Seite eine mir ganz fremde Bewegung, so recht geschaffen, mich zu rühren. Es waren zwei. Aneinandergeschmiegt saßen sie in einer Falte meiner Bettdecke. Meine allzu lebhafte Freude, die Bewegung, mit der ich mich über sie beugte, waren überstürzt, und sie flogen davon. Nun war ich aber unterrichtet, daß die Zeit nicht mehr fern war, wo ich aus einer unterschiedslosen kleinen Schar den einzelnen, den Besonderen herausfinden würde, den Liebling, der mich liebte. Im Umgang mit Tieren besteht für uns jedesmal die gleiche Gefahr: erwählen, erwählt werden, lieben. Sofort danach kommen die Sorge, der drohende Verlust, die Furcht, Kummer zu erleiden. So große Worte wegen eines Sperlings? Jawohl, wegen eines Sperlings. Für die Liebe ist nichts zu klein.

Der April war noch nicht zu Ende, und noch vor dem Kälteeinbruch gaben die gelb- und weißblühenden Buschwindröschen und Krokusse den wirklichen Röschen ein Beispiel. Und in meinem Zahnputzglas labten sich die ersten stengellosen Enziane, die von den Bergen in die Blumengeschäfte herabgestiegen waren. Ein bißchen feuchtes Moos ersetzt ihren Stengel und hilft ihnen beim Trinken. Das unerbittliche Azurblau ist ihre einzige Schönheit; gibt es einen Grund dafür, daß wir für ein dunkles Blau so empfänglich sind? Althergebrachte Vorstellungen vom Firmament, von Meeresspiegelungen drängen sich auf; das, was wir für ewig halten, ist gewöhnlich blau. Der Enzian hält seine Blütenkrone auf den Rippen eines kleinen Schirmes; das Blatt des Alpenveilchens ist von einer gummiartigen, malvenfarbenen Schicht überzogen; das Edelweiß ist ganz wollig. Keines der drei büßt deshalb von seinem verführerischen Zauber, von seinem Charakter sinnbildlicher Unschuld ein. Die Narzisse, diesen Eroberer, vergesse ich nicht! Sie ist überall. Jedes Jahr ruft sie ihre Getreuen in Les Avants zusammen, wo sie sie feiern. Wie feiert man die Narzisse? Indem man sie tötet. Millionenfach wird sie geopfert. Lassen wir uns davon nicht betrüben, nur dazu ist sie da. Einmal gepflückt, wird sie zu Sträußen gebunden und verwelkt sofort, wenn man sie nicht großzügig wässert. Ihr Rückweg von Les Avants – ob im Auto, auf dem Motorrad oder dem Fahrrad – hat auf der Strecke einen durchgängigen, horizontalen Duftstreifen hinterlassen, in dem wir bald: «Das ist köstlich!», bald: «Das ist ekelhaft!» ausrufen. Es sei denn, der für alle anderen Düfte tödliche, überlegene Duft des Flieders lenkt uns davon ab, jener Duft des blaßlila, violetten und malvenfarbenen Flieders, des Schmetterlingsflieders, mit dem dürren und hohlen Stengel. «Dieser Schmetterlingsflieder», sagte meine Mutter Sido, «ich kann mich nie entscheiden, ob er ein bißchen gut riecht oder sehr schlecht.»

Vielerorts hängen die Kirschbäume über die Mauern und Hekken. Gestern noch grün, sind die Kirschen heute schon rosig, morgen noch rosiger, runder, schwerer. Sie färben sich gleichmäßig rot, werden glänzend und sind eine Versuchung für das Auge, den Mund, die Hand. Wenn wir den Arm ausstrecken, gehören sie mir, euch, uns. Tag für Tag fahre ich im Rollstuhl vorbei und sehe, daß keine Kirsche fehlt. Bei uns, wenn man da den Baum schüttelte, würden nicht nur die Kirschen herunterpurzeln, sondern auch der im Baum verborgene Junge. «Man soll den Teufel eben nicht in Versuchung führen», würde der Kirschendieb mit vollen Taschen und Backen zu seiner Entschuldigung sagen. Ich hab Ihnen ja gesagt, daß sie in der Schweiz keinen Teufel haben.

Ich habe einen Liebesbrief bekommen: «Madame Colette, ich verehre Sie! Und ich bin sehr schön. Wenn Sie es mir nicht verwehren, werde ich Sie besuchen und Ihnen einen Kuß auf die Nase geben.» Unterzeichnet war der Brief mit «Béni». Ich ließ mir meine letzte Chance zu einem zärtlichen Beisammensein mit einem Prinzen, der mindestens aus dem Morgenland sein mußte, nicht entgehen.
Er kam, getragen von einer Sklavin, die sich als seine Herrin ausgab. Ohne Herablassung nahm er auf dem zerschlissenen Teppich meines Hotelzimmers Platz, und wir, mein bester Freund und ich, wußten zunächst nicht, was wir ihm sagen sollten. Aber so leicht verlor er weder die Sprache noch seine ungezwungene fürstliche Würde.
Er war rosa – wie es sich für die sogenannten Creme-Perser gehört, wenn sie vollkommen sind und wie dieser hier mit Auszeichnungen, Medaillen und ersten Preisen überhäuft. Er war von einem sanft kupfernen Rosa. Die Vorderpfoten waren ziemlich kurz, das Hinterteil etwas höher. Bekleidet wie eine Fee, schien er sich wunderbar wohl zu fühlen in seiner wolligen Wolke, die bei jedem Schritt an den Flanken wogte und ihn von hinten mit einer duftigen, flockigen Hose überzog. Seine Robe wallte ihm in Locken über die Brust und den Bauch und kam in gekringelten Büscheln aus seinen beiden Ohren.
Ich zögere, von seinen Augen zu sprechen, da ich nicht weiß, wie ich ihre Form, ihren starken Glanz glitzernden, siedenden Goldes beschreiben soll, das ruhige Zutrauen, das sie in unsere Augen verströmten, und ihr hintergründiges Lächeln, das eine behütete Jugend verrät. Auch seine Nasenflügel zeigten die seltene pastellrosa Färbung.
Um uns noch stummer und ergebener zu machen, fing er an zu sprechen. Die Stimme der Angorakatzen ist im normalen Leben

zart und leise; wenn sie verliebt sind, verwandeln sie sich allerdings in heulende Dämonen. Er sprang auf meine verblüfften Knie und gab mir wie versprochen einen Kuß auf die Nase. Er geruhte auch, etwas Neugierde für mein Badezimmer und für die unverschämten Sperlinge auf dem Balkon zu zeigen, denen er eine Ansprache in jenem keckernden Ton hielt, der dem geflügelten Völkchen die Gefühlsregungen der Katze verrät. Aber da er bedürfnislos war, kannte er auch keine Gier, und als wir sahen, wie er sich von den Vögeln abwandte, um einer Kugel aus zerknülltem Papier nachzulaufen, zeigten wir lautstark unsere Rührung.
Für einen Augenblick hielt ich ihn in den Armen. Er fühlte sich wuschelig an und roch noch besser als ein Blumenstrauß. Er gab mir noch mehr Küsse auf die Nasenspitze, unter das Ohr. Währenddessen unterrichtete mich seine Sklavin über ihn, über seinen ruhmreichen Stammbaum, über die Siege, die er bei allen Wettbewerben davontrug. Sie fügte einige Einzelheiten hinzu, die mir keineswegs überflüssig vorkamen: «Er ist von einer beispiellosen Sauberkeit. Das tägliche Kämmen, Bürsten und Säubern erträgt er nicht nur, nein, er verlangt geradezu danach. Manchmal, wenn es ihm Spaß macht, sich besonders gehorsam zu benehmen, verletzt ihn schon ein tadelnder Tonfall und raubt ihm den Appetit.» Diese leichten Striche zur Abrundung seines Porträts vermerke ich ernsthaft und gebe sie hier in etwas feierlichem Tonfall wieder, wie es mir angebracht erscheint. Denn alles, was Katzen betrifft, ist in meinen Erinnerungen und in meinen Werken mehr als Tändelei.
Das musikalische Gehör der Katze unterscheidet zwischen Vertraulichkeit und Zärtlichkeit. Nur aus Lust am Spiel fand meine Letzte Katze Gefallen an den Befehlen, die das abendliche Ritual begleiteten: «Katze, komm sofort hierher! Katze! Husch, ins Körbchen!» Fröhlich galoppierte sie zu ihrem Körbchen und gehorchte, als wollte sie den Hund nachahmen. Aber eigentlich liebt die Katze den Klang der menschlichen Stimme am meisten, wenn diese sich dem Singen annähert. Bei den wenigen Worten, die ich Béni zu sagen hatte, hielt ich mich genau an die Etikette, zumal er neben seiner übrigen Vollkommenheit jenen kindlichen und zugleich majestätischen Ausdruck zeigte, den die Angorakatzen lange behalten. Ihm fehlten die Tiefgründigkeit, die

Gefühlsstärke der Letzten Katze, die übertriebene Unmittelbarkeit, mit der sie Schmerz empfand und zum Ausdruck brachte. Zum Beispiel in jenem Jahr, als sie nach kurzen Audienzen, die sie dem Kohlschwarzen von nebenan, dem Schwarz-Weißen aus der Kneipe, dem kleinen Gelben vom Krämer gegeben hatte, voller Verachtung jene hübsche, gestreifte, ausgelassene, dumme Bastardtochter bekam, die wir Jantille nannten. Es dauerte nicht lange, bis die Letzte Katze dieser aus Eifersucht ihre Nähe und Zuwendung verweigerte. Das ging so weit, daß die Katze ein leises, kurzes Wimmern ausstieß, sobald einer von uns den Namen Jantille aussprach. Deshalb schenkten wir Jantille dem Herrn Pfarrer von Les Mesnuls, und das gequälte Herz der Katze kam zur Ruhe.

Diese Träumerei aus der Vergangenheit verdanke ich Béni. Seine beeindruckende Anwesenheit und die Erinnerung an die Letzte Katze erwecken, beleben in mir den Charakter oder die Persönlichkeit der Katze schlechthin und versetzen mich in eine Atmosphäre zurück, die herzergreifend und notwendig für mich war, auf die ich aber aus Einsicht und Rücksicht verzichtet habe.

Béni schien unterdessen in seiner Hülle aus weicher Vikunjawolle auf meinen Knien einschlafen zu wollen. Schon ließ er ein perlendes Schnurren hören, als seine Laune plötzlich umschlug. Er miaute jämmerlich und führte seine Sklavin zur Tür. Der Besuch des Prinzen endete so unvermittelt wie seine Geduld, die kurze, nervöse Geduld der Katzenrasse, die – wenn sie gebrochen wird – dem Menschen den müden Tiger im Käfig, den abgerichteten Löwen, den weinenden Puma übrigläßt.

Noch liebenswürdig, doch schon auf Abstand bedacht, kürzte Béni die Abschiedshuldigungen ab. Er stieß mich sogar mit seiner weichen Katzenpfote zurück, die – zwar an Rücksichtnahme gewöhnt – mich doch unfehlbar darauf aufmerksam machte, daß sie unter ihrem Fell verborgene – zweifellos rosige – Krallen hatte.

Betulich langsam wie eine Dame aus dem Zweiten Kaiserreich bewege ich mich mit meinem Wagen vorwärts. Ein Pony könnte mich überholen. Es gibt nämlich so viel zu sehen, wenn man gemächlich dahinrollt. Die Oberflächenstrukturen, die von der

Schnelligkeit verwischt werden, treten wieder hervor. Es hat mich viele Jahre und Unannehmlichkeiten gekostet, das Recht auf Langsamkeit zu bekommen, das Recht, nach Laune bei der Narzisse, beim purpurn gesprenkelten Knabenkraut, bei der wilden Erdbeere haltzumachen! Jetzt würde mein bester Freund nicht mehr mit energisch vorgestrecktem Kinn am Steuer sitzen und Einspruch erheben: «Nein, nein, kein Lavendel, keine Hekkenrose, kein Goldregen! Kein Imbiß vor Saulieu! Du bringst meinen ganzen Zeitplan durcheinander!» Jetzt ist er es, der mir Hyazinthen pflückt. Diese Arthritis ist gar keine so schlechte Sache . . .

Bald hier, bald dort anhaltend, mache ich meine Erkundigungen, fahre vom Gartenrestaurant zum Ufergarten, lasse Buchenlauben und Rosenbeete an mir vorbeiziehen. Schon setzen die städtischen Gärtner die Rosenstöcke, die sie zu Tausenden hinter den Kulissen versteckt hielten. In Reih und Glied stehend, wird die Rose eine militärisch anmutende Schönheit verbreiten. Bestimmte, besonders hastige Bataillone hüllen uns im Vorbeigehen in den eigentümlichen Duft ihrer Gattung, in den unveränderlichen Hauch der «Teerosen» oder «Teehybriden». Wie schnell sie dahineilen – wie schnell ich dahineile. Dennoch klammert sich ein alternder Körper, mein Körper, an seinen Winter, an sein vertrautes Leiden, zieht seine Decke enger um sich, weidet sich an der kalten Stunde, die der Visite des Arztes folgt, macht sich die vorhergesehene Erschöpfung zunutze, um sich gegen den Frühling zu verschließen, um ihn zu vergessen. Gegen den Frühling kann man sich nicht verschließen. Bei klarem Wetter ist der See ein Mittelmeer, das mit Indigo allerdings ein bißchen geizt. Die Kinder beflaggen die Stadt mir karierten Kleidchen, die jungen Mädchen gehen mit bloßen Beinen. Der Luxus, um den Paris die Genfer beneidet, das sind die fleckenlosen Kleider, das häufige Reinigen, die weichen Pullover. Und wie viele wunderschöne Haarschöpfe man sieht, die die gräßliche «Krause» ablehnen. Große, nicht allzu weibliche Engel drängen sich während der Hauptverkehrszeit kühn durch die Menge, mit Haaren wie eine Fackel, mit nackten Knien wie rauhe und spröde Früchte.

Ich bin voller Bewunderung, ich freue mich, ich schweife umher, ich streife dicht an all diesen hübschen Beinen vorbei und feiere sie. O nein, o nein! Denken Sie ja nicht, ich sei neidisch oder traurig, erweisen Sie mir die Ehre, mir zu glauben, daß ich den Teil, der mir verblieben ist, zu genießen weiß und das, was mir früher zu schwer vorgekommen wäre, mit Freude trage und daß ich aus diesem Riß, der mich durchzieht und zerreißt, ein bißchen ... ja, ein bißchen Würde schöpfe. Ich zögere, ich betaste und wäge ein solches Wort ab: ob es etwa zu groß für mich ist? Jedenfalls dürfen Sie mir glauben, daß ich so viel Schonung nicht brauche und daß ich innerlich lache, wenn sehr wohlmeinende Leute sich in Bezug auf meine Person bis zu dem Wort «Asketentum» versteigen, als wäre das ein Ehrentitel. Glauben sie etwa, es sei leicht, der asketischen Lebensweise zu entgehen? Werden die Heilmittel, die der «liebe-Doktor-bis-morgen» mir verschreibt, eine meiner Zerstreuungen? Das eine ist fettig und eiskalt. Ein anderes durchdringender, stacheliger als ein Seeigel. Wieder ein anderes versetzt den Körper in fragendes Erstaunen darüber, die Botschaften so vieler spitzer Sternenstrahlen zu empfangen.

Jetzt, nach beinahe zwei Monaten bin ich begierig, das zu feiern, was mir weder versprochen wurde noch bekannt ist. «Lieber-Doktor-bis-morgen», ich leide an Hoffnung und an Bescheidenheit, und ich befrage Sie so wenig wie möglich. Ich weiß, daß nach den in Reih und Glied stehenden Rosen sich das symmetrische Feuer der Geranien entzündet und das des scharlachroten Salbeis, daß dann die Dahlien kommen, danach die Chrysanthemen ... Schauen wir nicht weiter nach vorn. An paradiesisch blühenden Ufern habe ich wieder mit allen wildwachsenden Blumen der Schweizer Wiesen Freundschaft geschlossen. In einer Fülle namenloser Gräser werden sie der Besitzerin des Hotels gebracht, deren Hände sie erst nach sorgfältiger Sichtung und Auswahl verlassen, um in mein Zimmer hinaufzusteigen. Hier knabbert ein kleiner Lippenblütler am Flügel einer Bienen-Orchidee – der rosige Bart der Lichtnelken taucht aus einem blauen Grund von Brunellen auf – unberührbar sind die Dolden der dicken Wiesen- und Sumpfbutterblume mit Blütenstaub überhaucht – die drei «Pfingstblumen», malvenfarbig, violett und weiß, drängen sich als Verzierung um eine große, runde Schale mit Maiglöckchen, die letzten der Saison – schon versilbert ein pelziger Schimmer den fleischfarbenen Klee. Schon blüht der fleischfarbene Klee . . . Ich habe also mit Hilfe meines besten Freundes fast ein Vierteljahr einer Behandlung geopfert, deren Wirksamkeit ich noch nicht abschätzen kann, von der ich nicht weiß, welche Früchte sie tragen wird, welche Linderung sie mir bringen wird? Niemand hat von Genesung geredet, doch man appelliert an meine moralischen Tugenden. Gut, man weiß ja, was es heißt zu reden. Überdies gibt es so viele Arten der Genesung – vielleicht werde ich eine erfinden. Ein wenig Kühnheit, ein bescheidenes Maß an Willkür, eine grenzenlose Bereitschaft zu staunen – kurz, so wie jenes erfinderische Kind, das ein Stück Stoff über zwei am Ende eines Stabes gekreuzte Stöckchen spannte und ausrief: «Guck mal, Mama, ich habe gerade den Regenschirm erfunden!»

Paris

Nicht morgen und nicht in diesem Jahr wird Paris uns – uns, die die Krankheit zerstört hat oder allmählich zerstört, uns zwischen unseren Wänden Eingeengten, zwischen Bücherschrank und Schreibtisch Eingezwängten, vom Geräusch der Schritte über uns und dem der Holzsohlen auf den Treppenstufen jenseits der Wand Belästigten –, nein, uns wird Paris weder morgen noch in einem Jahr einen oder zwei «Erwachsenen-Gärten» schenken. Am dringlichsten wäre es, zuerst einmal «Kinder-Gärten» einzurichten, das sehe ich ein. Wo soll man das Gelände hernehmen? Auf die angebliche Knappheit falle ich nicht herein: wenn Paris freie Grundstücke braucht, findet es sie auch. Man muß eben suchen. Danach würden dann die Erwachsenen bedacht. Der geeignete Garten für Erwachsene ist der Park des Palais-Royal. Die Kinder haben ihn durch ihre Spiele und ihre Anwesenheit verwüstet, so daß er für sie nur noch wenig Anziehungskraft hat. Es gibt weder Sand noch Kies, nur häßliche, festgetretene Erde, die nicht bewässert werden darf. Lediglich die Rabatten und die Rasenflächen werden gesprengt, und der Gärtner pflegt sie liebevoll. Unser «Hof» wird langsam und seit ewigen Zeiten nur von Regengüssen, Hunde-Urin und menschlichen Ausscheidungen durchtränkt – sagen wir zur Beschönigung lieber: kindlichen Ausscheidungen.
Für mich ist alles hier ein Schauspiel, vor allem die Kinder. Viele sind entzückend, die meisten sind erstaunlich beweglich. Die mit schmächtigen Körpern laufen schneller als die Stämmigen. Ihre Geschicklichkeit beim Werfen und Fangen des Balles fesselt mich wie eine sportliche Darbietung. Am gestrigen Sonntag konnte ich mich von meinem Fenster aus nicht satt sehen an einem etwa vierjährigen Mädchen, einem halben Baby noch, das sich in der sonntäglichen Stille mit zwei männlichen Verwand-

ten – Vater und Onkel vermutlich – die Zeit vertrieb. Ich bewunderte die Art und Weise, wie sie den Ball mit dem Fuß stoppte, wie sie ihn mit der linken Hand genauso kräftig wie mit der rechten werfen konnte und sich klaglos mit nackten Schenkeln und Armen fallen ließ. Dieses sportlich gedrillte Baby verdiente all die Aufmerksamkeit, die ich ihm widmete. Doch ich sah sehr wohl, daß es eine Ausnahme war, wie ein Theater- oder Zirkuskind, und daß es sogar bereit wäre, sich in Wind und Sonne hinzusetzen und gleich einem Athleten ruhig zu verharren, wenn man es ihm befehlen würde. Gleich einem Athleten war es ein bißchen untersetzt, doch sein Gesicht, von zwei dürren, mit Schleifen zusammengebundenen Zöpfchen verunstaltet, hatte eine frische Farbe. Von Selbstbeherrschung und Selbstvertrauen geformt, war dieses Mädchen eine angenehme Ausnahme. Für die Mehrzahl unserer Kinder vom Palais-Royal ist es weder erstrebenswert noch verständlich, daß ein so kleines Mädchen bereits in seinem vierten Lebensjahr von einer Art professionellem Stolz angetrieben oder diszipliniert wird.

Nicht alle Schauspiele unter meinem Fenster sind so angenehm. In meinem herrlichen Park gärt eine kleine, neue, unverträgliche und unerträgliche Menschheit, die seit dem Krieg jeden Zügel und jede Lenkung abweist. Schnell, aber unregelmäßig, ihr Laufen der Unvollkommenheit des Schuhwerks anpassend, das der Größe und Form ihrer Füße nicht mehr entspricht, so humpeln unsere Kinder, wie Luftgeister in Schuhen humpeln würden. Vom zartesten Alter an auf Wettkampfspiele erpicht, kosten sie sie mit einem grandiosen Mangel an Kaltblütigkeit aus wie geborene Neurotiker. Das sind die Kinder von Paris.

In unserem königlichen Wohnbezirk haben wir kaum bequemere und hygienischere Verhältnisse, als sie zur Zeit des Sonnenkönigs in Versailles herrschten. Vom Luxus des Véfour und den Toiletten des benachbarten Theaters abgesehen, gibt es weit und breit kein stilles Örtchen. Zugunsten des Tabakladens hat ‹La Civette› die ehemaligen Häuschen aus Mahagoni zerstört, die von betagten Damen sorgfältig saubergehalten wurden. Aber was schert das die Kinder, die unumschränkten Herren des Parks? Wenn die Not am größten ist, fällt das Höschen, schürzt sich das Röckchen und . . . Es geht noch einfacher. In seinem

Wagen stößt das Baby einen Alarmschrei aus: ohne sich von ihrem Eisenstuhl zu erheben – einem unverwüstlichen Überbleibsel aus der uralten Zeit –, schnappt die Mutter oder die Kinderfrau das Kleinchen und hält es wie ein Sieb zum Durchseihen von Flüssigem und Festem in die Luft. Gestern bestätigten neun feuchte Spuren auf dem Bürgersteig genau unter meinem Fenster, daß am Nachmittag neun Kinder zwischen den Stühlen gespielt, geschlafen, gegessen und sich entleert hatten. Ah, was für ein unerfreulicher Geruch in die Abendluft aufsteigt.

Der Krieg und die Nachkriegszeit haben unsere Kinder nach den Gesetzen des Dschungels aufwachsen lassen. Vor wenigen Tagen sah ich zwei große, ungefähr zwölfjährige Jungen ankommen. Sie blieben am ersten Baum der Buchenallee auf der Seite der Rue de Valois stehen. Ich denke mir, sie wollen an einem dieser schwächlichen Bäume, denen es nicht gelingt zu sterben, um die Wette pissen, daran sind wir ja gewöhnt. Aber nein. Sie lassen ihre schon männlichen Hosen herunter und hinterlegen gemeinsam üppige Spuren ihres Aufenthalts. Während der Operation plaudern sie freundschaftlich, ohne Angeberei, aber auch ohne Scham miteinander. Scham ist ihnen genauso fremd wie Schamlosigkeit. Da es aber noch taghell ist, wenden die Vorübergehenden sich ab.

Das Zerstörerische ist beim Kind instinktiv und auf eine schreckliche Weise erfinderisch. Seine Lust am Zerstören – das heißt am Erfinden – stillt es, wo es kann. In jedem neuen Frühling werden die rosigen Blüten der Kastanien mit Steinwürfen zerfetzt, werden scharfgeschliffene Schieferstücke unter die Decke der Arkaden geschleudert, wo sie im Flug die Befestigung der bevölkerten Vogelnester durchtrennen.

Den Kindern von heute steht eine Generation ratloser Eltern gegenüber. Es würde mir leichtfallen, diese Seiten mit Anekdoten zu füllen, die das in dunkle Geschäfte verwickelte Kind, den zum Gangster gewordenen Schüler, den Knaben mit großen, ungesetzlichen Einkünften brandmarken, kurzum, das Kind, dem die Kindheit fehlt, anprangern. Dazu ein Zitat von Labiche: vielleicht kommt sie bei ihm mit dem Alter?

Aber ich habe nicht das Herz, sie zu verurteilen, sie, meine lebhaften Schreihälse, meine kleinen pfeifenden Kobras, meine trompetenschmetternden und mit Rasseln lärmenden Zündblättchen-Schützen, obwohl ich die Erinnerung an die Wohltaten einer Erziehung, die vor allem die Stille lehrte, nicht vergessen habe. Weil ich sie beobachte, und sie durch das Beobachten zu meinen eigenen mache, kann ich sie nicht immerzu tadeln. Nicht im Namen einer Pseudo-Mütterlichkeit, zu der ich nie geneigt habe, erhebe ich Anspruch auf sie, sondern von meinem Fenster aus erkenne ich in ihnen mein Blut, meine Rasse, meine Vergangenheit wieder, meine von der Zeit gemilderten, vom Alter verschlimmerten Fehler. Die ideale Begehrlichkeit! Jenes böse Kind gehört insgeheim mir, so wie mir das Tier gehört, mit dem ich ein Zeichen austausche, und eine der Blumen auf der Rabatte, weil ich womöglich die einzige bin, die ihren Namen kennt: Pentstemon. Dieser merkwürdige Name, den ich einer anderen Bewohnerin des Palais-Royal mitteilte, brachte mir ein Schulterzucken und folgende Entgegnung ein: «Daß ich nicht lache. So ein Name . . . das wüßte man doch.» Ich hatte Lust, ihr zu antworten: «Sie wollen ihn nicht? Dann geben Sie ihn mir zurück. Ich werde ihn nur mit Herrn Henri, dem Gärtner, teilen, der in seine Blumenbeete verliebt ist.» Und nachdem ich die Blume den Dingen, die mir in der Phantasie gehören, zugeordnet habe, zu meinen Fohlen, meinen gerade geschlüpften Neugeborenen, meinen von bescheidenen Phantasmagorien genährten Wundern, werde ich es mit dem Pentstemon halten, wie Théophile Gautier mit der imaginären Blume von Angsoka.

Beaujolais, 1947

Erst jetzt, in den kalten Nächten, ist es eine Wohltat, an diesen endlos wütenden, endlos brennenden Sommer zurückzudenken, diesen Sommer, der mit keinem anderen Sommer zu vergleichen ist, der die Normandie in eine flammende Ardèche-Landschaft verwandelte und die Bourgogne in eine versteppte Wüste, der die Flüsse und Seen bis auf den Grund austrocknete, so daß im Schlamm die Frösche starben und die Fische erstickten. Damit will ich nicht sagen, daß ich diesem gräßlichen Sommer verzeihe, der für so viele Entbehrungen verantwortlich ist: er ist unentschuldbar. Dieser Sommer mit seiner Gluthitze von der Morgendämmerung an. Der Durst der Tiere, der Hunger des pflanzenfressenden Viehs. Der Mann, der mit einer kleinen Gießkanne ein Kohlfeld bewässerte, eines jener riesigen Felder, die in den guten Jahren der Stolz der Vororte sind, ein einzelner Mann zwischen zehntausend vergilbenden Kohlköpfen. Und die Kuh, die auf den Stoppelfeldern Halm für Halm auszupfte, zwölf Kilo Erde mitfraß und einging. Und . . .

Nein, aus solchen Bildern werde ich mir nie angenehme Erinnerungen zurechtmachen können. Sie verdüstern meinen liebsten Anlaß für vergnügte Träumereien, sie dörren ihn aus. In der rue des Beaujolais herrschen ab Mittag 41 Grad und um zwei Uhr morgens 37 Grad: wie weit das zurückzuliegen scheint, wenn die Dezemberluft durch mein hohes, halbgeöffnetes Fenster hereingeblasen wird, die von feinem Graupelschnee weiße Luft, die mein Tag und Nacht brennendes blaues Fanal einen kurzen Moment lang mit einem Strahlenhof umgibt. Einige Sekunden genügen, und die Kälte hat sich in meinem Zimmer eingenistet. Schnell! Stürzen wir uns – ohne uns vom Fleck zu rühren – auf die weniger schlimmen, auf die unausschöpflichen Erinnerungen, die der Sommer uns geschenkt hat, bei denen uns das

Wasser im Mund zusammenläuft, die die Hand und das Kleid rot färben, die Quelle und Tau ersetzen. Stürzen wir uns auf die unerwartete und wirklich erlebte Entschädigung, die ich auf der Höhe dieses gnadenlosen Sommers erfuhr: die Weinlese an den Hängen von Brouilly.

Für jemanden, der wie ich an Arthritis leidet, ist die Fortbewegung keineswegs das Schlimmste, sofern sie mit dem Auto vor sich geht. Das Schlimmste sind die zehn Jahre in der Wohnung, die fünf Schritte am Parkrand, die von jenen hemmungslosen, jähen und schneidenden Schmerzen unterbrochenen Nächte und die jugendlich-unbesonnenen, schnellen Bewegungen, mit denen ich den Stock aufheben, nach dem Buch greifen will. Oh, diese eingefleischte Jugendlichkeit, diese nur noch im Geist funktionierende Beweglichkeit, die bestraft wird, sobald sie an ihrer Leine zerrt. Treppen, die ich gedemütigt und mit List hinuntersteige: bleibe ich etwa nicht stehen, wenn mir ein Unbekannter begegnet, tue ich nicht so, als zöge ich einen Handschuh an, als suchte ich etwas in meiner Handtasche? Ist der Unbekannte an mir vorüber, lache ich über mich und meine altjüngferlichen Schrullen.

Setzt mich dagegen in ein Auto, stopft mir einige Kissen in die Seiten und fahrt los! Für eine geraume Strecke werdet ihr nichts von mir hören. Früher war es die Letzte Katze, die mit einem hungrigen Gähnen oder mit ihrer unruhigen Blase bestimmte, daß wir mit unserem Auto haltmachten. Auf Reisen aß sie sehr wenig; sie fürchtete, seekrank zu werden. Ein Häppchen in Saulieu, ein Schlückchen in Vienne und zwischendurch etwas erfrischendes Gras. Meine Ansprüche sind weniger diskret, als ihre es waren. Sie war da ganz anders. Wir hatten unser Picknick am Waldesrand kaum beendet, da verlangte sie schon, in «ihren» Wagen zurückzukehren, um ihre Mähne – so blau wie ein Gewitterhimmel – zu putzen.

Ich sagte also gerade – sagte zu mir, schrieb also, daß ein höherer, von meinem besten Freund ausgegangener Entschluß dazu führte, daß ich, so gut es in einer nach Feuersglut, schmelzendem Asphalt und dürstenden Wassergräben riechenden Morgendämmerung eben ging, im Auto untergebracht wurde und wir in Richtung der Rhôneabhänge losfuhren. Deren kleine, dichtge-

drängte Reben sind weniger ansehnlich als die üppigen Muskattrauben der Provence, die als sechs Pfund schwere Augenweiden unter den Rebstöcken hängen und ihren blanken Bauch den Eidechsen hinhalten.
Was konnte ich mir von der Weinlese im Beaujolais erhoffen? Die glühende Hitze, meine Behinderung, alles mußte mich von einem so rauhen Fest fernhalten. Ich hätte mich mit den Geräuschen, die von den Hügeln herüberdrangen, begnügt und dem der knarrenden Fuhrwerke auf dem Sträßchen, an dem ich im Morgenschlummer lag. Die von morgendlicher Müdigkeit gedämpften Stimmen erwachten oben auf der Höhe des benachbarten Weinbergs und stiegen mit dem Aufgehen der Sonne weiter und weiter zu mir herunter. Ich stellte mir das bedächtige Ernten, die gefüllten Körbe und den Durst vor, den ein Biß in eine Traube stillen soll, was ihn jedoch nur brennender macht. Ich verdrängte den beharrlichen Sommer auf die andere Seite der geschlossenen Fensterläden, auf die Seite der Sonne, der Fliegen, der wildgewordenen Wespen, der flaumbedeckten Pfefferminzpflanzen, dorthin, wo in der Ferne in einem Tal die Saône wie eine Glasscherbe aufblitzte. Ich war geduldig. Ich lauschte den Nachtigallen, wie sie im Efeu über dem Wasserbecken raschelten und das Plätschern der Quelle unterbrachen.
Aber es kam besser. Die Freundschaft vermag viel. Eines Tages beförderte mich eine Kette von Armen ins Auto, und ich suchte den Wein in der Intimität eines seiner geheimen Verliese auf, deren Schwelle zu übertreten ich mir nie hätte träumen lassen. Im kühlen Schoß des Hügels wurde ich aufgenommen, ohne daß ich einen Fuß auf die Erde setzen mußte. Vielmehr kam ich auf meinem Karren wie eine Eroberin daher. Als die großen Torflügel zuschlugen, war es, als hätte der Wein sich ins Innere der Grotte zurückgezogen. Von der hohen Decke herab überschüttete er mich gleichzeitig mit einem eisigen Hauch stehender Luft, dem göttlichen, fauligen Geruch gekelterter Trauben und dem glucksenden Geräusch ihrer Gärung. Lampen erhellten die hundert Meter langen Gewölbe wie Sterne. Der rosa Schaum schwappte über den Rand der Fässer und hinterließ lange, gewundene Spuren. Ein Gespann von Apfelschimmeln, das im Halbdunkel bläulich schimmerte, fraß gleichmütig mahlend die

heruntergefallenen Trauben. Der schwere, gerade geborene, noch unreine Geist des jungen Weines vereinigte sich mit der Ausdünstung schweißnasser Pferde.
Eine Männerhand am Ende eines unsichtbaren Armes streckte mir den ziselierten silbernen Becher entgegen, in dem es rot funkelte: «Ein ausgezeichneter Vierundvierziger, Madame. Aber kommen Sie wieder, und probieren Sie den Siebenundvierziger, wenn er soweit ist! Der wird diesem hier in nichts nachstehen.»
Kommen Sie wieder . . . Wie wahrscheinlich und einfach das Wiederkommen erscheint, wenn man unter der Wölbung der Grotte, die der Hitze den Eintritt verwehrt, den kühlen Rand des vollen Bechers zwischen den Lippen hält.
Da man in meiner Umgebung der Ansicht war, daß der erlesene Wein, die mit Lampen gestirnte Höhle und der Schatten des Hügels womöglich meine Genesung förderten, schlugen wir an einem anderen Tag einen anderen Weg ein und erklommen nachts einen anderen Hügel. Diesmal spendete eine an allen vier Seiten des Hofes entlangrankende Glyzinie Schatten; sie wuchs aus einem einzigen, schlangenförmig gewundenen Stamm mächtig empor, der sich im eigenen Laubwerk verlor. Der überdachte, mit Scheinwerfern beleuchtete Hof hallte von Stimmen, Räderrollen und schweren Schritten, denn die vierzig Weinleser des Gutes kamen, fröhlich nach Wein riechend, zum Essen vom Hügel herunter. Ich hätte mich ihnen gerne angeschlossen . . . Bei unserem kalten Imbiß im Erdgeschoß schmausten wir Schinken mit breitem Speckrand, nach neuem Zaumzeug duftende Würste und einen bestimmten, «kräftig» genannten Käse, der einen unstillbaren Durst hervorruft.
Jeder Arbeit der gebührende Lohn: weiter unten saßen die vierzig Weinleser an einem reicher gedeckten Tisch: Omeletts, Kalbfleisch, Hähnchen, Schweinefleisch und jener Wein, der wie die schönsten Rubine im Lichtschein seine durchsichtig klare, blutrote Farbe behält.
Wenn man ihr nachgibt und sie nicht in die Länge zieht, ist es eine süße Müdigkeit, die der Sommer, tadelloses Essen, junger Wein und die Nacht – auch ohne Tau – bewirken. Beim Abschied im Hof schlängelte sich die riesige Glyzinie unter den

schwankenden Scheinwerfern in lebendigen Windungen nach oben.
Da wir aber zu den ersten gehörten, die aufbrachen, konnte ich die zarten Geräusche genießen, die der allmählich den Hügel einhüllenden großen Stille entschlüpften: das Geräusch der auf die Laternen am Eingang aufprallenden Insektenflügel, das Klappern der Hufe eines gerade ausgespannten Pferdes auf dem Querpfad und vor allem das lieblich im Ohr klingende Plätschern der unsichtbaren und verehrten Quelle, der letzten Getreuen, aus der in diesem Jahr der hechelnde Berg und das ausgetrocknete Tal trinken können.

Ans Bett gefesselt, telefonierten Fargue und ich miteinander. Nicht sehr oft, aber lange. Ich habe seine Stimme, die schöne Stimme eines beleibten Mannes, sehr geliebt und liebe sie noch, diese wandlungsfähige, von der leichten Atemnot und Heiserkeit einer chronischen Bronchitis bedrängte Stimme. Mein Gedächtnis ist Zeuge, daß wir nur herzliche und scherzhafte Worte, Neuigkeiten über unsere Arbeit oder unseren Müßiggang austauschten und natürlich Erinnerungen.

Ich war immer neugierig, von ihm zu erfahren, auf welche Weise er litt, wie er seine körperlichen Schmerzen äußerte: «Heute sind es hämmernde Schmerzen; gestern waren es nagende Schmerzen, als würde etwas zermalmt», sagte er und fragte mich über meinen Schlaf beziehungsweise meine Schlaflosigkeit aus. Aber ich spürte sehr wohl, daß er mir meinen Mangel an Romantik vorwarf, wo doch sein Mund mit einem Schwall gewählter Worte sein Leiden zu einer Bereicherung machte . . . Es wird noch eine Weile dauern, bis ich mich daran gewöhne, in der Vergangenheitsform von ihm zu sprechen.

Als er mir den Ehrenplatz zwischen seinen «Familienporträts» einräumte, hatte ich Gelegenheit, ihm meine Freude und Dankbarkeit zu zeigen. Gleichzeitig wuchs mein Wunsch, Fargue zu sehen. Ich wollte den Fargue, wie er leibt und lebt, den Fargue, der Lipp durchquert, der mit seinem elastischen, unermüdlichen Gang durch die Straßen irrt. Ich wollte Fargue einfach sehen. An einem Tag im letzten Sommer, als ich viel weniger litt als er, wurde mein Besuch organisiert. Zuerst ging es im Auto bei schönem Wetter in der Dämmerung durch die Straßen – die Straßen von Paris, die Fargues unbestrittenes Reich gewesen waren, die goldbestäubten Straßen mit ihren Häßlichkeiten und ihren Schönheiten – an deren Ende ich Fargue auf mich warten fühlte.

In der Rue du Montparnasse verfrachtete man mich in den mit Kohlenstaub übersäten Lastenaufzug. Die Fahrt nach oben brachte mich zu Fargue. Aus Koketterie saß er schon am Tisch, so daß ich glaubte, er könne unversehens aufstehen, mir den Arm reichen und mich an seinem Tisch in einen Stuhl sinken lassen.

Insgesamt waren sechs Gäste da. Aber wie sollte ich Léon-Paul Fargue veranschlagen, der beredt und heiter, wie ein Buddha, dasaß? Er war großartig an jenem Abend, so daß Goudeket und ich beruhigt waren. Ich kann nicht beschwören, ob er unsere Freunde, Frau Dr. Marthe Lamy, Frau Professor Paulette Gauthier-Villars oder gar Chériane täuschte. Er aß, er schimpfte und lachte wie ein unduldsamer Prinz. Er klagte über das allzu blaue Blau seiner Bettwäsche und malte uns Dinge aus, die nur er zu sehen vermag. Zärtlich sprach er mit der Katze, da die Katze ebenso glänzend, ebenso schön und schwarz war wie Chériane. Mir gegenüber hing ein großes, beeindruckendes Gemälde von Chériane und nahm ebensoviel Platz und Aufmerksamkeit in Anspruch wie ein Gast. Rechts von mir schnitt der Rahmen des geöffneten Fensters die Bäume in Höhe ihres Stammes ab; der Verehrer der Straße wohnte in den Bäumen.

Über diesen letzten Abend gibt es für mich nichts zu sagen, was mehr – oder weniger – wert wäre, vermißt und liebevoll in unserem freundschaftlichen Gedächtnis bewahrt zu werden. Niemand von uns, nicht einmal Fargue, war damals besonders geistvoll. Niemand von uns hatte das Bedürfnis, nach Beifall zu heischen, besonders grandios zu sein oder mit Außergewöhnlichem zu verblüffen. Doch ich weiß, daß die sechs Gäste keinen einzigen Augenblick dieses Abends vergessen haben und daß wir uns, in der bitteren Gewißheit, diesen Abend nicht wiederholen zu können, alle verlassen und unglücklich fühlen.

Seit der *Irren von Chaillot* war ich nicht mehr im Theater. Nicht, daß ich keine Lust gehabt hätte. Aber ein Theater oder ein Kino zu betreten ist für mich eine «Riesenaffäre», wie Pauline sagt. Ein Gebrechen macht schüchtern. Das soll nicht heißen, daß es einen unbedingt nachsichtiger stimmt . . . Verschließt sich denn der Magen beim Fasten etwa vor jeglicher Nahrung? Nachdem

zwei oder drei Sinne so lange brachlagen, hatte ich geglaubt, daß die leichtere Ansprechbarkeit des Gehörs, die Bereitschaft der Augen zu Freude und Überraschung eine verjüngte Zuschauerin aus mir machen würden. Und nun bin ich doch wieder genauso reserviert wie damals, als ich Theaterkritiken schrieb. Ich hatte gehofft, mehr staunen zu können.
Gleich beim Eintreten ein angenehmer Schock: der goldüberladene Saal des Athénéetheaters. Wie unecht, wie liebenswert! Diese Girlanden und Früchte, und alles aus Gold, ob Äpfel oder Brüste, ob Birnen oder Blumengewinde und Schenkel! Ein richtiger Theatersaal, ein Saal für richtiges Theater.
Ich habe die gutgemeinte Unvorsichtigkeit begangen und habe *Le Festin de Pierre* gestern abend noch einmal gelesen. Jetzt, da ich das Stück auf der Bühne erlebe, stört mich das ganz erheblich. Es ist, als hätte ich beim Hören eines Musikstückes die aufgeschlagene Partitur auf den Knien liegen. Dennoch kann ich ohne Hemmung das Recht genießen, keine Meinung haben zu müssen. Wenn ich Don Juan nach diesem Mann hätte beurteilen müssen, der mit drei Worten und drei koketten Komplimenten zwei kleine Bauernmädchen «auftut», wäre ich gezwungen, von meinem eigenen Don Juan-Bild abzurücken, einem düsteren, obstinaten – fast hätte ich geschrieben: abstinenten – Don Juan, der zutiefst von jener Frauenfeindlichkeit geprägt ist, die den Frauen so gefällt.
Dies ist nicht das erste Mal, daß Don Juan mich reizt. Schon in *Le Pur et L'Impur* hatte ich mit ihm zu tun, allerdings nicht sehr lange und nicht sehr gründlich. Ich hatte Molière vergessen und die Tatsache, daß dieser noch weniger über Don Juan weiß als ich, da es ihm ja nicht genügt, daß sein Held sich an der Liebe versündigt. Damals kam es auf einen Seitensprung nämlich nicht an.
Mal salopp, mal gestelzt nimmt das Stück seinen Lauf, springt hart mit dem Ketzer um und treibt den Verführer dazu, die Religion nicht weniger zu beleidigen als die väterliche Autorität. Und mit gespannten Ohren – ohne mich loben zu wollen: ich bin das beste Publikum, das ich kenne – helfen wir dem Stück über die Runden, das überreich ist an zu routinierten schauspielerischen Erfindungen. Doch wie angenehm es an diesem Ort ist,

wie förderlich er für alles Unwirkliche ist! Balkons, Gesimse und Decken sind mit Rot und Gold überladen. Vor meinem Proszeniumsplatz stolzieren Schauspieler auf und ab, die ich mit der Hand berühren könnte. Keiner von ihnen ist vollkommen, keiner belanglos. Zwei oder drei von ihnen werfen mir einen heimlichen Gruß zu, einen Augengruß, der ihr trügerisches Spiel für einen Augenblick durchbricht.

Draußen trommelt der Pariser Regen, durch den ich hindurch muß, um meinen Zufluchtsort wieder zu erreichen, in dem es weder regnet noch stürmt. Ein nie versagender starker Arm wird mich stützen. Inmitten der Menge wird mich von neuem die Schüchternheit überfallen, die die Behinderten quält, denn sie fürchten vor allem aufrichtiges Mitleid und Gefälligkeiten. Die kurze Zeitspanne, bis der Bürgersteig überquert ist und ich ins Auto gestiegen bin, wird genügen, um mich wie alle anderen zu durchnässen. Wie alle anderen werde ich mich freuen, an einem Sonntagmorgen im Theater gewesen zu sein, lebendige Bilder mitzunehmen und mich für den Rest des Tages mit etwas zu beschäftigen, das mich nicht betrifft, mich aber trotzdem nicht losläßt, etwas, das die Leistung eines anderen, die Kunst eines anderen und – noch liebenswerter, noch verständlicher als der Erfolg – der intelligente Fehler eines anderen ist.

Mit ihrer vollen Gegenwart, alle drei von Körperlichkeit strotzend, so verschieden voneinander, so viel Raum einnehmend, ohne beengend zu sein, so fielen sie in mein Zimmer ein, das keineswegs geräumig ist. Einer setzte sich auf das Heck meines Floßes und die beiden anderen, wo es gerade ging.
Jeder ein ausgeprägter Charakterkopf, so kamen sie herein. Yvonne de Bray in ihrer herzlichen Unnahbarkeit. Jean Marais, genannt Jeannot, mit seiner Haartolle, seinem unregelmäßigen und untadeligen Gesicht, und die junge Frau, die – vorausgesetzt, man entblößte ihr Gesicht vom Ohr zur Nasenspitze, vom Kinn zur Stirn, man entfernte die kleinste Welle aus ihrem Haar, die kleinste Falte aus ihrer Wange, man polierte sie wie einen noch feuchten Krug – plötzlich schön genug würde, um die «Schöne» zu spielen. Mein Gott! Ich vergaß den Hund, den Hund Moulouk, der nur einem einzigen ergeben ist, nämlich Jean Marais. Aber solange unser Zusammensein dauerte, hatte ich keine Zeit, mich an ihn zu erinnern; er verschwand in Jeans Schatten, löste sich in Jean auf, verwandelte sich in den Fuß eines Sessels, in einen kleinen Perserteppich, und bis zum Aufbruch war keine Rede mehr von Moulouk, außer, daß er zwischendurch aus eigenem Antrieb in mein Badezimmer ging.
«Was suchst du denn da?» rief ihm Jean Marais nach.
«Ein Bidet, um zu trinken», antwortete der Hund.
«Links», sagte ich ihm, «hinter der Badewanne. Der Hahn tropft, es ist immer genug Wasser im Becken, damit du trinken kannst.»
«Gut», sagte Moulouk. «Ich werd's schon finden, ich bin weder taub noch blind. Schlapp, schlapp, schlapp. Der Beweis.»
Er schob den Vorhang mit der Spitze seiner feuchten Schnauze beiseite und ließ sich seufzend wie ein Mehlsack nieder, denn am Ton unserer Stimmen hörte er, daß der Besuch so bald nicht enden und niemand das erlösende Wort aussprechen würde.

Tatsächlich waren wir lebhaft und abgelenkt und redeten dies und das. Wir probten sogar – sie probten – Szenen aus ‹Chéri› für den Rundfunk. Ich konnte sie mir also in Ruhe ansehen und ihnen obendrein zuhören. Eine der drei Stimmen ging mir besonders nahe, die von Yvonne de Bray. In Momenten der Betroffenheit hob sich ihre Stimme hier und da zu eindringlichem Nachdruck, wie der stärkere Druck eines Kupferstechers auf seiner Platte. Eine Art Zurückhaltung steigerte noch die Schlichtheit der Interpretin; sie gab dem Drama einen familiären Tonfall, und ihr Schluchzen brach sich wie ein Gelächter. Modulationen, die ich nicht erwartet hatte, die ich nicht angegeben hatte, machten den Text einem Zuhörer ohne Augen zugänglich. Eine Schauspielerin von solcher Ausdrucksstärke – und von einer so vollständigen Unvoreingenommenheit – müßte eigentlich alle Rollen spielen können.
Ich wandte meine Augen von Yvonne ab und beobachtete Jeannot, der seinen großen Körper, seine langen Arme und Beine – gewohnt, sich in die Flanken der Filmstreitrösser zu pressen – auf die Maße von Chéri verkleinerte.
Jean Marais in der Rolle des Chéri? Warum nicht? In der Vorstellung der Autorin hatte Chéri nie etwas mit einem bleichen Lorenzaccio gemein. Und diese Dehnbarkeit, die dem Dünnen erlaubt, sich stark zu machen, und dem Starken, in die Haut des Schwachmatikus zu schlüpfen, macht diese Rolle zu einer verlockenden Aufgabe für einen geborenen Schauspieler. Für Jean Marais ist das Schwierigste an der Rolle des Chéri, seine tiefverwurzelte Unschuld vorübergehend aufzugeben. Zur Not kann er sich häßlich machen – konnte doch die verzweifelte Würde des Tiers aus *La belle et la bête* als häßlich gelten –, aber wo soll er die Verschlagenheit, die zuckersüße Unverschämtheit, die Geschicklichkeit im Lügen hernehmen, die schamlose Lust, zu sündigen, sich zu fangen, um noch schwerer zu sündigen? Während ich ihm zuhöre, träume ich davon, ihn auf der Bühne zu sehen. Doch schon beim Zuhören ahne ich, daß es seine Unschuld ist, die seine kraftvolle, unbändige Stimme wie ein Goldklumpen dämpft. Wir werden sehen. Es eilt nicht. Jetzt sind meine drei Darsteller hier, an meinem Lager, sie spielen, nicht meinen Text, sondern mit meinem Text. Sie sind heiter, wie

Menschen es sind, deren Leben ein Ziel, einen Traum, einen Lichtschimmer hat, Menschen, die in ihrem Leben mit immer neuen Verwandlungen rechnen. Sie sind begabt genug, um gelegentlich ihre Selbstbeherrschung aufzugeben, die den mittelmäßigen Künstler hemmt. «Mein Schätzchen, mein Schätzchen!» stammelt Jean Marais. Niemand hat von ihm für die Rundfunkaufnahme ein szenisches Spiel verlangt, trotzdem sinkt er in Yvonne de Brays Arme, die plötzlich kräftig genug sind, um dieses Athletengewicht zu halten, zu wiegen. «Mein Böser, mein Schöner. Da bist du ja, da bist du ja.» Jeannot hat sich heiser geschluchzt, Yvonnes Augen haben ihr Blau und ihre Tränen über ihm verströmt. Das alles für mich, die einzige Zuhörerin? Ich lasse mich nicht täuschen, das alles ist für sie selbst, ist – unabhängig von ihnen selbst – für die Ehre.

Natürlich habe ich auch eines, genau wie Sie, wie alle; aber wenn ich es nicht selber sagen würde, wüßte niemand davon, so unauffällig benutze ich es. In diesem Augenblick ist er dabei, mir eine herrliche Arie der Violetta, der Heldin aus ‹La Traviata› vorzusummen.

Um den Sopran richtig zur Geltung zu bringen, beschränkt sich die Begleitung auf ein leises Bum, Bum, Bum im Dreivierteltakt. Die Sängerin nutzt die Gelegenheit, um ihrer Pflicht als Sopranistin voll Genüge zu tun, doch sie stört mich nicht, dem habe ich einen Riegel vorgeschoben, und der Ton meines winzigen amerikanischen Radioapparates mit einer Reichweite von annähernd zehn Kubikzentimetern dringt nicht durch die geschlossene Tür meines Zimmers.

Was sein muß, muß sein. Angefangen habe ich mit einem Plattenspieler, einem Plattenschrank. Dann habe ich die ständig sich vermehrenden Platten verschenkt und nur das «Katzenlied» behalten, eine amerikanische Weise, bei der die unvergeßliche «Letzte Katze» tatsächlich lächelte. Dann ist mir die Katze an Altersschwäche und einer schlimmen Krankheit gestorben. Ich habe die Platte in Stücke geschlagen und habe die Stille vorgezogen. Vor allem habe ich die Darbietungen jener vorgezogen, die sich bereitwillig und großherzig an unser «Menuett»-Klavier setzten: Poulenc mit *Jeanne Hou-Hou* und *Les animaux mo-*

dèles und Jean-Michel Damase, dessen Stimme beim Singen von *Rouge-Gorge* und *Perle égarée* umschlägt.
Danach verkauften wir das Klavier, um einen Bücherschrank anzuschaffen. An einem Festtag brachte mir mein bester Freund das kleinste – aber wird es nicht immer ein noch kleineres als das kleinste geben? – amerikanische Kofferradio, das ohne Kabel spielte, als es die Treppen zu mir hinaufstieg. Wir stellten es auf meine Bettcouch, wo es ausgerechnet: *Das Kind und die Zauberkünste* zu plärren begann: «Nichts hast du mir gelassen als ein Haar auf meiner Schulter, golden wie ein Mondstrahl.» Seither kommen wir zwei, das Radio und ich, gut miteinander aus. Ich dämpfe seine laute Zwergenstimme, seine Bauchrednerei, die mal Trenet, mal Beethoven nachahmt, und halte ihm für seine kleinen Mängel nicht wenige erfreuliche Eigenschaften zugute.
Ich bin zu alt, um beim Radiohören jemals den Eindruck loszuwerden, daß das Radio ein Wunder ist. Den jungen Leuten und den Kindern steht es zu, von Pol zu Pol mit dem tönenden Wunder auf vertrautem Fuß zu stehen. In welchem versunkenen Jahr war es, als ich auf Einladung des Generals Ferrier jenen Saal betrat, der vom Boden bis zur Decke von einem riesigen, vermutlich sechseckigen, mit grünen Seidenfäden eingefaßten Rahmen beherrscht wurde? Wenn ich mich nicht irre, drehte er sich senkrecht auf einer seiner Grundseiten und sandte undeutliche Töne aus, deren unterschiedliche Herkunft von General Ferrier bestimmt wurde, dem großen Meister dessen, was gerade erst im Entstehen war und schon die Welt in Erstaunen versetzte.
Plötzlich ertönte zwischen den sechs Saiten der «Harfe», zwischen den langen, grünen Seidenfäden, ein ferner und klarer Gesang, wie von einem vereinzelten Vogel. Doch irgend jemand sagte: «Das ist Konstantinopel.» Niemand wagte sein Erstaunen darüber zu zeigen, da unser neues Empfinden dringend danach verlangte, daß eine in Paris vernommene Nachtigall auf jeden Fall orientalisch zu sein hatte, mit dem gleichen Recht, wie der Teppich ein fliegender Teppich, der Mond sichelförmig und der von ihm beschienene Bosporus silbrig ist.

«Dieses Dorf, in dem wir leben, mit seinen Wäldern, seinem schwarzen Fichtenwald, das ist das Dorf, dessen zwölf- und dreizehnjährige Kinder ich lehre, daß ihre Mutter, Madame, vor der Zeit von den verbotenen Früchten ihres Ehelebens kostete. Ich lehre sie zu verstehen, daß heißt zu lieben. Wenn Sie im Lauf Ihres Lebens nie als Vasall an irgendeinen herrschaftlichen Gebieter gebunden waren . . .»

Ich breche ab, weil ich nicht den ganzen Brief zitieren möchte, der nur mich, seinen Absender und dessen Aufgabe bei den Kindern angeht. Genügt denn nicht ein Satz, um die Kunst, sich gut auszudrücken, erkennen zu lassen? Wie hübsch wir doch schreiben, wir übrigen, unbekannten Franzosen, wenn wir uns richtig daranmachen. Ich sage «wir», weil ich stolz bin, durch das Land und die Liebe zur guten Formulierung derselben Rasse anzugehören wie mein Unbekannter. Er ist Dorfschullehrer. Glückliches Dorf! Glückliche Kinder vor allem, die sich vertrauensvoll einem solchen Führer anvertrauen können. Ich zögere «glücklicher Lehrer» zu schreiben, es sei denn, seine außergewöhnliche Frömmigkeit befähigt ihn, sich einsam und stolz über ein sehr hartes Los hinwegzusetzen. Dieser Mann, ein leidenschaftlicher Leser und Philosoph, hat mir in seiner Sprache geschrieben, deren kristallene Klarheit er pflegt; er hat mir geschrieben und ist verwundert, daß ich ihm antworte. Auch die Kinder seiner Schule haben mir geschrieben. Mit Buntstiften hat das eine ein Haus gemalt, ein anderes eine Blume. Ein drittes, das eine Wohnung gezeichnet hat, erläutert mir das, was man hinter dem Haus «nicht sieht». Doch ich verstehe mühelos, daß es den Garten, zwei Tannen, eine Wiese sieht. Mit zwölf Jahren fällt es einem noch leicht, durch Mauern hindurchzusehen.

Der tüchtige Lehrer ist nicht der einzige, der mir schreibt. Es sind auch Lehrerinnen darunter, Lehrerinnen, die ins Schreiben verliebt sind, die reich sind an Einfällen, Spielen, sinnreichen Beschäftigungen, mit denen sie das verschlossene Kind erobern, ihm ein Wort, ein Lachen entlocken. Wem erzählen sie es, wenn sie damit Erfolg haben? Mir! Sie können mir glauben, daß ich mindestens einen Tag lang ganz stolz bin.

Madame Wattine hat mir ein Paket Hörnchen geschickt. In gutem Französisch müßte man «Wassernüsse» sagen. Aber Hörnchen hört sich eckiger und heimatlicher an. Sie sind so sträflich wenig bekannt, so kurze Zeit nur zu haben und werden, außer im Umkreis von Seen, nur so selten verzehrt, daß ich Lust habe, von ihnen zu sprechen. Meine Lust, sie zu verschlingen, ist noch genauso groß wie früher. Um sie aufzuknacken, habe ich in meinem Geburtshaus die Kante einer Steinstufe benutzt. Denn diese seltsame Frucht des Wassers, des Schlamms und des Herbstes mit ihren vier defensiven Hörnern ist zur Zeit der Reife aus sehr hartem Holz und von einer Form, die Fix-Masseau für «chinesisch» erklärte. Um sich erstens nicht zu verletzen, zweitens um nichts von ihrem mehligen Kern zu verlieren, verlangt die Frucht eine geübte Handbewegung, ein scharfes, kurzes Messer und die Stufe einer Steintreppe. Was aber noch lange nicht heißt, daß Sie davonkommen, ohne sich mit einem blauschwarzen Saft zu beschmieren, einen oder zwei Finger zu verletzen und vielleicht einen Anfall von Sumpffieber zu bekommen, falls Sie an die vierhundert Hörnchen hintereinander vertilgen, wie ich es tat und wie ich immer noch fähig bin, es zu tun.
«Und . . . das schmeckt?» fragen mich Freunde, denen Ungläubigkeit und Skepsis im Gesicht geschrieben stehen.
Daraufhin werde ich verträumt, sentimental und ein bißchen albern, also ganz wie mein kleines Ich von einst, und antworte: «Ich weiß nicht. Ich mag's jedenfalls.»
Nein, ich weiß nicht, womit ich den Geschmack der Wasserkastanien vergleichen sollte.

Stechende und kitzelnde Kastanien,
Die den Schenkel kitzeln
Und die Tasche stechen

sang eintönig, den Sack über der Schulter, der einzige Hörnchenverkäufer in den Straßen von Saint-Sauveur. Hundert Stück für vier Sous, und er gab noch vier zu den hundert dazu.
Die Wassernuß oder Wasserkastanie, mit ihrem bläulich-weißen, wachsweichen Fruchtfleisch, diesem Kern, der wie ihre Schale weder kern- noch kugelförmig ist, hat weder Geschmack noch die Gestalt einer Kastanie. Sogar gekocht schmeckt sie noch nach dem heimatlichen See, dem vertrauten Schlamm. In der Tiefe wurzelnd, steigt ihr langer, röhrenförmiger Stengel durch Wasser und Schlamm nach oben, erreicht die Oberfläche und streut dort ihre lieblichen weißen Blüten, ihre flachen Blätter und dann ihre grüne, glanzlose, frühzeitig gehörnte Frucht aus. Wenn sie nicht rechtzeitig gepflückt wird, löst sie sich von selbst aus ihrer Röhre und kehrt auf den dunklen Grund zurück, in die Nachbarschaft der kleinen Schleie, von der sie – darauf bin ich verfallen – etwas den Geschmack annimmt. Im nächsten Jahr wird die Reihe an ihr sein, zu keimen und die elastische Röhre mit der weißen Blüte und den glatten Blättern an der Spitze aufsteigen zu lassen.
Auf meinen Seen sammelt im September, Oktober hier und da ein lecker alter Kahn die Hörnchen ein. Oder ein Mann, fast immer ein alter, mit den Resten einer zerfransten Hose bekleideter Mann, schüttelt am Gestade seine Holzschuhe ab und watet bis zur Brust ins Wasser, das immer tückisch zu sein scheint, das sprudelt, das von kleinen, lauwarmen oder kalten Wellen gekräuselt ist und in dem es zu spuken scheint, und sei es nur wegen dieser fetten Wasserpflanzen, die auf und ab wogen und der Hand entgleiten.
Geruch des Schilfes an den Ufern, des bewegten Wassers und der grauen Pfefferminze, zweifelhafter und verführerischer Geschmack der Hörnchen: dieses Jahr entgeht ihr mir nicht, die ich euch in ein Pariser Zimmer einschließe – eine nach und nach von ihrer Krankheit bezwungene Schriftstellerin, der aber jeden Tag die treue Erinnerung ihres Hirns und die ihrer alten, sensiblen Sinne zu Hilfe kommt.

Während ich darauf warte, daß ich mich überhaupt nicht mehr rühre, rühre ich mich kaum von der Stelle.

Ich wiege mich an meinem Anker unter dem blauen Leuchtfeuer, das nichts anderes ist als eine starke, handelsübliche Lampe am Ende eines ausziehbaren, x-förmigen Halters, blau und mit blauem Papier verkleidet. Obwohl sie sich nicht von der Stelle bewegt, gab sie meiner Nachbarschaft den Namen ein, den Namen, auf den sie getauft wurde, den Namen eines Lichts, das auf den Meeren tanzt. «Ihr Leuchtfeuer, Madame Colette, Sie können sich nicht vorstellen, wie hübsch Ihr Leuchtfeuer gestern im Nebel leuchtete. Ah, Sie können wohl behaupten, daß Sie damit nicht geizen, mit Ihrer blauen Flamme! Zu jeder Stunde, frühmorgens, um acht, manchmal um halb acht . . .» Ich kann ihnen nichts verheimlichen, nicht einmal den Moment – tatsächlich in aller Herrgottsfrühe –, wenn der Schein der Lampe die braune Kaffeekanne und den weißen Milchtopf bläulich färbt. Ich mache immer weniger Unterschied zwischen den Nachtstunden und den Stunden des Tages; zum Lesen, zum Schreiben, zum Schauen sind alle Stunden gut . . . Die Stunde der Mutmaßungen, die Stunde der Erinnerungen. Bald werde ich, endlich, die Arbeitsstunde mit der Stunde der Mutmaßungen verwechseln. Die Frage, was Gide, mein verführerischer Gide wohl macht, den ich nie genug gesehen, genug gelesen habe, und die Erregung beim Gedanken an ein verrücktes Unternehmen bewegen mich gleichermaßen. Meine Laune, etwas Verrücktes zu unternehmen, äußert sich zum Beispiel in dem Wunsch, den schönen Wandteppich zu kopieren, den Jean Cocteau für sein Landhaus gekauft hat. Plötzlich muß ich ihn haben, muß ich ihn haben. Aber der Teppich ist in Milly. Ich will ihn haben, plötzlich will ich ihn haben. Ich rufe telefonisch nach ihm: ein Chor antwortet mir; meine Nachbarn vom Montpensier geraten in Aufregung, Jean Cocteau hat Verpflichtungen im Ausland, Jean Marais dreht in einem Studio . . . Daran soll es nicht scheitern, man wird den Bücher-Paul (das ist leichter auszusprechen als Paul Morihien) nach Milly schicken, man wird ein Flugzeug schicken, man wird den Kaiser von China schicken . . .

Daraufhin habe ich gebeten, keine Umstände zu machen, habe versichert, daß es nicht eilt. Zu spät: Vom Montpensier bis Beaujolais hatten sich die Rädchen bereits für mich in Bewegung gesetzt. Und plötzlich erscheint Jean Marais, groß bis unter die

Decke, die Haare orange-, nein, mondscheinfarben, nein, kupferrotbraun. Was zieht er hinter sich her, was hat er über der Schulter hängen? Man könnte meinen, eine Art langes Fischernetz.

«Kommst du vom Fischen, Jeannot? Sardinen? Frische Heringe?»

«Aber nein, das ist ‹der› Teppich! Niemand hatte Zeit, nach Milly zu fahren. Jean ist irgendwo am Himmel zwischen Paris und New York, Bücher-Paul baut eine Buchausstellung auf, also habe ich einen Sprung hinüber gemacht . . .»

Einen Sprung von hundertundzwanzig Kilometern, hin und zurück. Mit seinen Siebenmeilenstiefeln ging es schnell. Sein silbriger Regenmantel, sein türkisblauer Kaschmirschal, seine zerzausten Haare, die hängende Zunge des Hundes Moulouk, alles spricht für die eilfertige Erledigung einer Sache von unbestreitbarer Dringlichkeit. Wie hätte ich Jean Marais eingestehen können, daß es vollkommen unwichtig gewesen wäre, wenn niemand nach Milly hätte gehen können? Mein kleines Zimmer hallte in meiner Phantasie wider von dieser Hast, vom Geräusch galoppierender Hufe auf einer Straße; mit dem geraubten Teppich erklimmt er meine Etage wie die Treppe eines von den Musketieren eroberten Klosters . . . Jean Marais, Jean Marais, Film- und Theaterheld, wie gut deine Legende dir steht, und wie gut du ihr gewachsen bist. An jenem Tag dachte ich daran, daß ich dich in deiner Rolle in *Das Haus des Fischers* gesehen hatte und daß hinter dir auf deinen Wegen das Netz schleifte, der Geruch der Algen zurückblieb, die winzigen Schuppen des Sandaals perlmuttern glitzerten.

Es ist wirklich nötig, daß ich mir von Zeit zu Zeit das Kino heraufbeschwöre; ich sehe einen oder zwei Filme im Jahr. Das reicht nicht. Es reicht, um zu staunen – während ich mich wieder an den Rhythmus, an das Schwarz-Weiß der Leinwand gewöhne – wie unentwickelt, wie großartig und unzulässig naiv das Bild und die Entwicklung der Filmkunst noch sind. Wenn ich der Leinwand längere Zeit fern war, habe ich beim Wiedersehen Lust zu sagen: «Wie, du bist erst *da*? Was hast du während meiner Abwesenheit gemacht?» Und dann lasse ich mich doch wieder fesseln. Es ist so schwierig, nicht zu bewundern. Ich vergesse, daß wir das Recht hätten, Farbe, Plastizität zu verlangen, und zu guter Letzt verlasse ich das Kino und bin zufrieden mit dem, was mir die Begegnung mit dem Menschlichen, die Reise zu den Antipoden, meine eigene Neugier gebracht haben. Ich bin zufrieden auszugehen, zufrieden heimzukommen, genau wie die falbe Stute.

Man (die Rundfunkanstalt) bat uns, Jean Cocteau und mich, eines Tages, «ganz, wie Sie wollen», eine kurze Unterhaltung aufzunehmen, und «zufällig» stand der Aufnahmewagen unten, und «zufällig» war Jean bei mir, saß neben mir auf dem Heck meines Arbeitsfloßes, die Wange vom blauen Fanal grünlich getönt.

Die günstigen Zufälle hinderten Jean und mich nicht, einen Blick zu wechseln. In Jeans gutgeschnittenen Augen überraschte ich einen besorgten Ausdruck, den er auch in meinen entdecken mußte. Es ging um eine Improvisation, und ich improvisiere schlecht. Und ich kann mich mit dieser Glockenblume, dieser Birne, dieser Gurke, diesem Dingsbums nicht anfreunden, das uns eine listige Hand schon hinhielt. Zu spät habe ich mit dem Mikrofon Bekanntschaft gemacht, mit seinen Schnüren, die durch das Fenster klettern, durch die Küche kriechen, auf ihrem Weg einen einbeinigen Tisch erdrosseln und sich neben meinem bettlägerigen Körper zusammenrollen.

«Du dagegen, Jean . . .»

«Ich? Ich habe einen heiligen Bammel vor diesem Ding. Und außerdem schlafe ich im Stehen ein. Ich habe von gestern mittag bis heute um ein Uhr gearbeitet. Und dann habe ich schlecht zu Mittag gegessen. Lieber spreche ich für tausend Gesichter und Ohrenpaare als in diese . . . diesen Kürbis. Nun ja, fangen wir an?»

«Fangen wir an.»

«Fang du an. Was sollen wir sagen?»

«Was Sie wollen», schlägt der junge Bändiger der Kabel vor.

«Aber ich will nichts. Fang du an. Wie wär's, wenn wir so täten, als gingen wir im Park spazieren?»

«Mit meinen kranken Beinen? Daß ich nicht lache!»

Ich lachte nicht. Jean Cocteau auch nicht. Er schloß die Augen, bedeckte das Gesicht mit seinen schönen langen Händen und legte mutig los. Ich bewunderte seine Diktion, sein Verlangsamen im passenden Moment, das wandlungsfähige Sprechen eines musikalischen Redners. Ich hielt mit, so gut ich konnte. So gut ich konnte war nicht sehr gut. Trotzdem rief uns der junge Mann mit der Glockenblume sein «perfekt» zu, rollte seine Schnüre ein, befreite sich aus seinem kelchförmigen Kopfhörer und ging. Und mit dem gekrümmten Griff meines Harpunen-Spazierstocks zog ich mein Tisch-Bänkchen wieder zu mir heran. Unter Jeans angegriffenen Augen konnte man seine Erregung ablesen, und schnell zog ich meine noch eiskalte Hand aus der seinen. Wir hatten es eilig, unseren Anfall von radiophoner Schüchternheit zu überspielen. Die meine ist, wie ich glaube, am schlimmsten, denn sie zieht alle möglichen Fehlleistungen in Betracht. Sie warnt mich vor dem «Staubkorn» auf einer Mandel, dem unfreiwilligen Schüttelreim. Vergebens stöhnt sie über den kapitalen Mangel, denn schließlich – das muß gesagt werden – habe ich nie eine volle, hohltönende Stimme gehabt, habe ich nie besonders burrrgundisch arrrtikuliert. Man versichert mir, daß ich mich täusche und daß ich sehr «echt» wirke. Ich werde mich deswegen nicht streiten.

Jean Cocteau kommt herein, und ich schaue erstaunt auf meine Uhr: halb zwölf . . . morgens? Wenn es halb zwölf in der Nacht wäre, hätte ich keinen Anlaß, mich zu wundern. Bevor ich noch fragen kann, antwortet er mir:
«Ja . . . Stell dir vor, die Bühnenarbeiter, Beleuchter und Schreiner im Studio haben mir mitgeteilt, daß sie streiken.»
In seiner ganzen Länge läßt er sich auf das Heck meines Floßes gleiten, faltet Arme und Beine, kauert sich zusammen, um alles in einem Sonnenstrahl unterzubringen, der fast die Mittagsstunde anzeigt.
«Und jetzt?»
«Nichts, jetzt. Ich habe das Studio verlassen.»
«Ferien! Ruh dich aus. So geht das eben.»
Seine Nase betrachtet mich verdutzt von der Seite.
«Eben nicht! So geht es eben nicht mehr. Seit ein paar Jahren habe ich wie ein Verrückter gearbeitet. Tagsüber, nachts, sonn-

tags. Auf der Bühne, auf dem Tisch im Restaurant, im Gras, auf dem Land, auf Papier. Früher war ich völlig fertig, wenn die Arbeit über mich hereinbrach. Jetzt kann ich nicht mehr aufhören zu arbeiten, wenn meine Pause nicht sehr lange vorausgeplant ist. Man entzieht mir wieder einmal meine Droge. Meine Gelenke tun mir weh. Es ist Viertel vor zwölf. Ich habe noch keinen Hunger. Ich habe keinen Hunger mehr. Was macht man um Viertel vor zwölf, wenn man nicht arbeitet? Ich hab's vergessen.»

«Bleib bei mir.»

«Ich kann nicht. Um Viertel vor zwölf bleibt man nicht bei dir.»

«Wo willst du hin?»

«Das weiß ich ja eben nicht. Ich werde versuchen, nach Haus zu gehen.»

Nach dem Ton zu urteilen, in dem er das sagt, scheint er sich in ein großes Abenteuer zu stürzen.

Er richtet sich auf. In seiner eckigen Anmut hat er nichts zerknittert, nichts verschiebt er auf dem überladenen Lager, er stößt an keines der Hindernisse in dem engen Zimmer. Er geht. An der Tür dreht er sich um:

«Paß auf, wenn ich durch den Park gehe: ich bin sicher, daß ich in die falsche Richtung gehen werde.»

Da der Wind günstig stand, hörte ich die Glocken der Mitternachtsmesse; dann lauschte ich im Radio der Messe von J. S. Bach. Pauline hatte es vorgezogen, in die Kirche Saint-Eustache neben den Markthallen zu gehen, von wo sie enttäuscht zurückkam: «Es war ein Gedränge, und es war kalt. Und man spürte nicht viel von den Hallen. Für mich muß die Mitternachtsmesse etwas von der Atmosphäre der Hallen haben.» Nach diesen sibyllinischen Worten ging sie zu einem Silvestermahl, wo es Auvergner Käse und Champagner gab. Wenn ich Hunger hätte, könnte ich mir nichts Besseres aussuchen. Aber genau wie bei meinen früheren Silvesteressen in der Vorkriegszeit fehlte mir heute der Appetit. Männer im Frack, Frauen in langen Kleidern – wie oft hat uns die Silvesternacht in großen Restaurants, mit großen Chefredakteuren, großen Industriellen und sogar mit Abgeordneten und Ministern, die sich für groß hielten, zusammengeführt.
Außerdem gab es die Silvesteressen bei Madame Hessèle, mit den großen Malern: Vuillard, Dunoyer de Segonzac, Luc-Albert Moreau. Das war schon besser, wenn auch am Anfang etwas steif wegen der soldatischen Strenge der weißgekleideten und weißhaarigen Madame Hessèle. Sie hätte uns an Madame Aubernon erinnert, wenn Madame Aubernon nicht schon so fern von uns gewesen wäre. Aber wie viele gute Maler verbreiteten eine fröhliche Stimmung!
Ich erinnere mich, wie man in anderen Salons Möbel ausräumte, umräumte, um die Tische den Austern, dem Truthahn, der Leberpastete zu überlassen. Die erste Welle Champagner war brutal, zu kalt, die zweite schon lauwarm. Die Bouillon in den Tassen war zu klar, der Kaviar zu dunkel.
Die kleinen bunten Wattekügelchen, die in den Restaurants für ausgelassene Fröhlichkeit sorgen sollten, regneten, kaum daß serviert war, in die Suppe . . . Oh, die Erinnerungen an angeneh-

mere Silvesteressen fehlen mir nicht! Aber heute abend schlafen sie, und ich liege ausgestreckt da . . .

Eine Rundfahrt mit dem Wagen durch mein Viertel. Von Metzgereien, Stanniolpapier und Äpfeln abgesehen, suche ich vergebens die frühere Üppigkeit des ersten Arrondissements. Was ich wiederfinde und zu schätzen weiß, ist die Eleganz, mit der die Herren der Metzgereien das Fleisch zerlegen. Ein schneidender, tranchierender, ausbeinender, zuschneidender, wickelnder Metzger kann es mit einem Tänzer, mit einem Schauspieler aufnehmen. Ein Pariser Metzger, versteht sich. Die goldene Haube über der Stirn, die Wange wie die Morgenröte und das Ohr wie eine Rose gerötet, die Schürzenbänder vorschriftsmäßig gebunden, hier und da gerade so viele Blutflecken wie nötig. Ah, Madame, der Fleischer von Paris ist einen Blick wert, wenn nicht mehrere.
Wenn ich mich gehenließe, würde meine Spazierfahrt zu einer melancholischen Wallfahrt werden. In der Rue de Valois residierte früher unter einem schönen Balkon das berühmte alte Restaurant ‹Au Bœuf à la mode›. Der Balkon ist da. Der gutgespickte Rinderbraten, die vortrefflich bereiteten Saucen, Karotten, der Speck, die Kalbshaxen sind verschwunden.

Soll ich in den Fetten Ochsen gehn?
Soll ich lieber mein Liebchen sehn?
Zwar drängt die Leidenschaft mich sehr,
Doch lockt der Ochse mich noch mehr.

Ist dieser Vierzeiler von Gavarni? Er steht unter einer seiner hübschen Zeichnungen, auf der Dandies mit extrem schmalen Taillen und galante Dämchen mit runden Schultern und schmachtenden Augen abgebildet sind.
Neben dem ‹Ochsen› ist die Konditorei Flammang zu beklagen; ihre Liebesknochen, ihr italienisches Eis, die mit Girlanden verzierten Glasrahmen aus der Restaurationszeit sind verschwunden. Die Flammangs haben sich mit dem Verkauf ihrer leckeren Cremespeisen, ihrer Blätterteigstückchen, die von Sahnebutter troffen, zugrunde gerichtet.

Ebensosehr wie die vortreffliche Konditorei vermisse ich deren treffliche Besitzer. Zwischen den geblümten Glasrahmen, die genauso geschmackvoll wie die im Grand Véfour waren, lebte eine Familie schwarzgekleideter Damen, deren älteste an der Kasse saß. Eine jüngere überwachte das reibungslose Kommen und Gehen der Serviererinnen, während eine zweite Generation, vertreten durch eine unauffällige junge Frau, sich nach dem Befinden der Gäste erkundigte und gleichzeitig eine kegelförmige Schärpe aus Spitzenpapier um eine Torte, einen Windbeutel oder ein Rumtörtchen – «Schön saftig, nicht wahr, Madame?» – fältelte. Neben dem Ladentisch schrieb ein stilles kleines Mädchen seine Hausaufgaben ins Reine. Heute ist Flammang ein grellgrün gestrichener Coop-Laden. Die entzückenden Glasrahmen sind im Carnavalet-Museum untergebracht. Als wenn wir davon etwas hätten. Und sie ebenfalls.

All das ist nicht sehr erfreulich. Würde ich mich nicht dagegen wehren, wäre ich so trist wie ein gewöhnlicher Greis. Aber ich wehre mich, ich halte mich an den Schwarzmarkt. Ich rolle zu einem kleinen Laden, der nicht nur mir bekannt ist und von einer blendend aussehenden jungen Frau geführt wird. Denn die Schwarzmarkt-Lädchen mit verkniffenen Megären und höhnischen und brutalen jungen Leuten bringen nichts mehr ein. Man macht jetzt auf herzlich. Fragen Sie lieber Simone Berriau, fragen Sie Cécile Sorel. Aber zählen Sie nicht auf mich, daß ich Ihnen den Ort entdecke, wo ich sie bewunderte, wo sie alle beide, behende wie zwei Bachstelzen, auf steilen Regalen hockten, blindlings in dunkle Schubladen tauchten, aus denen sie unter lauten Triumphschreien einen zu Gips erstarrten Camembert, ein Säckchen ranziger Nüsse, ein Paar Stoffschuhe, eine staubtrockene Seife aus Marseille und noch weitere Beutestücke herausfischten, die sie weit über ihren Wert und ihre Brauchbarkeit einzuschätzen schienen. Berauscht wie Vögel, die man mit schwarzen Johannisbeeren gemästet hat, entging ihnen einen Augenblick lang sogar, daß sie auf ihrer hohen Vogelstange ihre reizenden Beine sehen ließen. Nichts davon entging indessen dem jungen Mann, offenbar der Besitzer des Ladens, dem man seine Empfindungen, alle seine Empfindungen von den Augen ablesen konnte. Ohne ihn hätte ich nie erfahren, wie uneigen-

nützig der Schwarzhandel betrieben werden kann, mit wieviel Leidenschaft und Verträumtheit.
Aber ich spreche hier von verflossenen Zeiten. Inzwischen hat die Kaufmannszucht sicherlich alle Akteure jener Szene wieder unter ihre Fittiche genommen – alle, außer mir.

Mancher, der ein Buch liest, murrt . . .

In dem Zimmer, das man nie richtig warm bekam, wurde ich am 28. Januar 1873 unter Schmerzen geboren; ich machte es meiner in den Wehen liegenden Mutter sehr schwer. Seit nahezu achtundvierzig Stunden kämpfte sie, wie alle Frauen bei der Niederkunft zu kämpfen wissen. Die Mägde liefen kopflos um sie herum und vergaßen, das Feuer im Kamin zu schüren. Mit Schreien und Schmerzen trieb mich meine Mutter aus ihrem Schoß, doch als ich blau und stumm auftauchte, hielt es keiner für nötig, sich um mich zu kümmern.
Dieses Zimmer war wenig freundlich und bequem. Geblümte, nach der damaligen Mode über einem Gestänge hängende Perservorhänge verhüllten die weit auseinanderstehenden Betten meiner Eltern. Ein sonderbares, gedrungenes Schuhschränkchen stand in der Füllung des Fensters, das auf die Straße ging, und diente als Bank. Der Spiegelschrank aus Palisander und seidig glänzendem Tujaholz mit seinen drei ungleichen Flügeln kam mir immer zu schön und fehl am Platze vor.
Etwa fünfzehnmal feierte ich am 28. Januar meinen Geburtstag, ohne daß sich in diesem Zimmer etwas änderte, in dem ich halb erstickt geboren wurde und einen ausgeprägten Willen zu leben bewies. Und sogar lange zu leben, denn ich habe soeben meinen fünfundsiebzigsten Geburtstag gefeiert, den meine Freunde um mich herum beharrlich «einen schönen Tag» nennen. Ich gebe zu, daß sie ihn schön gemacht haben. Sie haben mir so viel geschenkt.
Sie haben mir Blumen, Obst und Bonbons geschenkt und die fünfundsiebzig Jahre, auf die ich seit dem Vorabend ein Recht habe. Sie haben mir in den Zeitungen abgedruckte Huldigungen geschenkt, nach deren Lektüre ich glauben könnte, nur Freunde auf dieser Welt zu haben. Sie haben mir Briefe und Telegramme geschrieben, sie haben mir Fotografien geschickt: «Sehen Sie

nur, wie hübsch unsere kleine Tochter für ihre drei Monate ist! Wir haben sie Françoise genannt.» Und Postkarten erst! «Madame, ich bin nur ein kleines Kätzchen aus Helvetia, das Ihnen alles Gute zum Geburtstag wünscht. Ich bin ganz weiß und sieben Monate alt.» Wem gebührt nun die Palme, der Katze oder dem hübschen Kind?

Sie haben mir das erste Veilchen des Jahres geschickt: «Jacqueline kam auf die Idee, unter dem geschützten Brombeergebüsch nachzusehen, ob schon eines blühte, und wirklich war eines da!»

Anakreon (Richard) hat mir geschrieben: «Da es weder bei mir zu Hause noch in der ganzen Rue de Seine fünfundsiebzig Kerzen gab, schicke ich Ihnen fünfundsiebzig Nelken: eine für jedes Jahr.»

Ohne Schaden ist eine Flasche Bordeaux bis hierher gelangt. Auf ihrem Bäuchlein trägt sie ihr Geburtsdatum – 1873, dasselbe wie meines – und ihren kostbaren Staub. Wie mich hat man sie bis zum Abendessen des 28. Januar liegend aufbewahrt, und wirklich, wie ich selbst hatte sie noch einiges Feuer, eine gedämpfte Farbe und einen angenehmen Veilchenduft, und der Wein aus Mouton, den sie enthielt, schlummerte noch sanft auf seiner Weinhefe, aus der wir ihn dankbar und behutsam erweckten. Und mein bester Freund schmückte mein Handgelenk mit dem gelben Metall, für das ich zugegebenermaßen eine Vorliebe habe, ob es nun zum Armband gedreht, zur Münze geprägt oder zu Kettengliedern geschmiedet ist. Es gab noch manch anderes Geschenk, das mich neben den anderen besonders tief berührte. Da war die blau-schwarze Hyazinthe, die als Borte auf eine Karte mit Goldschnitt gestickt war, und die rosa Hyazinthe von Rosa, die Schneeglöckchen von zwei kleinen Arbeiterinnen, die ihren Namen nicht genannt haben und schnell davoneilten; die herrlichen Früchte von Pauline: «Ich hätte es nicht ertragen, wenn jemand der gnädigen Frau an einem solchen Tag schönere gebracht hätte!» Da war der Orchideenzweig von meiner Tochter . . .

«Ich wette, du hast dein letztes Hemd verkauft, um mir diesen Zweig zu kaufen?»

«O nein, Mama, sei beruhigt. Du weißt doch, daß ich keine Hemden trage.»

Und viele Blumen aus dem Viertel für meine kleinen Väschen und das Bild einer Rose von Redouté und eine tolle Wurst aus reinem Schweinefleisch, die man kochen kann.
Und zwei Amerikanerinnen haben mir von West und von Ost zwei dieser amerikanischen Päckchen zukommen lassen, die das Auge ebenso erfreuen wie den Gaumen, so sehr verdoppeln sie mit ihrem Stanniolpapier, ihren glänzenden Schachteln, geblümten Tüten und lackierten Dosen die Verlockung der Pflaumen, der Kuchen, des reinen Mehls, der Trauben aus Malaga und der durchsichtigen Süßigkeiten, die sie enthalten.
«Wenn du mir deine leere Dose gibst, bekommst du meinen Milchpulveranteil», schlug ein kleiner Junge aus der Nachbarschaft seiner Schwester vor.
«Das könnte dir so passen, ich bin doch nicht verrückt», antwortete seine Schwester. «Nicht mal, wenn du deine Pfefferminzschokolade rausrückst.»
Und ein ganzes Bataillon von Champagnerflaschen habe ich bekommen! Und den Wall roter Azaleen, den meine Kollegen von der Académie Goncourt um mich aufgerichtet haben! Und Zeitungen, übersät mit dem zärtlich-besitzergreifenden: «unsere Colette». Wie wohl es mir tut, ein Allgemeingut zu sein! Im Radio sprach Marguerite Morenos großartige Stimme zu mir, diese volltönende, an Klangschattierungen reiche, in ihrem unnachahmlichen Rhythmus sich wiegende Stimme, die ab und zu von Wellen der Zärtlichkeit überwältigt wurde, und zwar gerade in dem Augenblick, in dem ich nicht zuhörte. Marguerite wollte mich trösten, weil ich es nicht gehört hatte: «Das macht nichts, meine Colette, in fünfundsiebzig Jahren machen wir es noch einmal.» Oh, Marguerite, wie gerne ich das wollte, jetzt, da ich weiß, wie es ist, jetzt, da ich auf meinem mit Geschenken befrachteten, vom blauen Leuchtfeuer beschienenen Bettfloß einen Trubel, eine Wärme, einen solchen Überschwang von Lachen und Tränen empfangen habe, wie sie die Jugend nicht besser veranstalten könnte.

Ich habe nur noch einen sehr kleinen Restbestand junger Mädchen um mich herum. Wenn ich sie an mich herankommen ließe, wären es mehr. Aber ich fürchte sie. Es ist ganz natürlich,

daß die jungen Kräfte die abnehmenden Kräfte erschrecken. Um sie zu beurteilen, ist Strenge nicht der richtige Maßstab, obwohl wir streng sein könnten.
Die schulmeisterliche Art, der sich die allerjüngste Jugend, um uns zu verletzen, bei ihren Urteilen bedient, wird immer schlagfertiger sein als unsere Beurteilungen, bei denen wir – ohne daß es uns gelingt – etwas Ausgewogenheit walten lassen wollen.
Nicht, daß es mir an Neugier fehlte. Warum sollte ich den jungen Mädchen, den jungen Männern das verweigern, was mich zu den anderen Anfängen hinzieht?
Selten liegt der Neugier eine böswillige Haltung zugrunde, aber wie soll ich – zu alt für Unbefangenheit und Dreistigkeit – sie äußern? Vor meinen Freundinnen habe ich keine Angst; ich habe Angst vor der Tochter einer Freundin, ja sogar vor der Tochter einer Tochter einer Freundin. Die Kinder, die mich nicht besuchen, die mir aber schreiben, nehmen für sich eine große Schüchternheit in Anspruch. Eine literarische Schüchternheit glaube ich ihnen gerne, die sie veranlaßt, mich um Ratschläge und Rezepte zu bitten. Aber die andere Schüchternheit, die muß ich, die müssen wir erdulden, beinahe erleiden.
Ich locke meine jungen Mädchen nicht an. Doch ich vertreibe sie auch nicht ganz und gar. Sie müssen meinen, daß es mir an Gesprächsstoff fehlt – denn bei ihnen fehlt er mir tatsächlich – und daß mir von dem anstrengendsten aller Vergnügen nur die Sucht, sie auszufragen, geblieben ist. Im vertraulichen Gespräch mit jenen, die schon einen Beruf haben, gelingt es mir schließlich immer, das, was ich am liebsten mag, aus ihnen herauszuholen, das heißt etwas über den «Roman» ihres Berufs. Das geht so weit, daß sie «zu Geständnissen übergehen», offensichtlich ohne zu merken, wie rührend sie sind. Ihre Begeisterung kaschieren sie hinter den banalsten Ausdrücken, die unsere Sprache enthält, hinter Füllwörtern und gräßlich exakten und kühl vorgetragenen Ziffern. Trotzdem wird der Abstand zwischen ihnen und mir immer breiter und tiefer; Vertraulichkeit könnte ihn nicht zuschütten und auch eine wohlwollende Haltung nicht, an die sie kaum glauben. Mit Neugierde – die sie für berechtigt halten, da es ihnen an Eitelkeit nicht fehlt – erreiche ich mehr und auch mit der boshaften Hellsichtigkeit,

die Sido mir vererbt hat und auf die ich spielerisch zurückgreife. Nur spielerisch und ohne jeden Ehrgeiz zu siegen. Ich muß wiederholen, daß meine Zerstreuungen trotz meines hohen Alters nicht alle kriminell sind.

Leichter fällt es meinen jungen Mädchen und mir, über Dinge zu reden, die das Vertrauliche ausschließen, wie zum Beispiel über das Theater als Kunst, den Film als Möglichkeit, sein Glück zu machen, die Bibliophilie als Handelsobjekt. Auf diesen Gebieten schlagen sie mich. Auf diesen ausgetretenen Pfaden ist den jungen Mädchen und den jungen Männern nichts unbekannt. Mein Vergnügen, wenn ich über etwas staunen kann, macht sie stolz, macht sie gesprächig. Im übrigen werden sich die beiden Geschlechter immer ähnlicher, indem beide Erstausgaben, Autogrammen, Widmungen und «Originalen» nachjagen – ohne Rücksicht auf die biederen alten, mit einem Schloß versiegelten Alben und andere goldene Büchern. Solche Schwärmereien mischen sich seltsamerweise mit einem Familiensinn, von dem man annahm, daß er völlig in Verruf geraten sei. Kürzlich habe ich ein Exemplar von *Le Pur et l'Impur* signiert, das mir ein fünfeinhalbjähriger Bücherfreund vorlegte, den seine vorausschauende Mutter gebracht hatte.

Soweit ich ihnen in ihre fernen Gefilde folgen kann, wirken unsere jungen Mädchen lebhaft, ehrgeizig, aber unsicher auf mich. Ihr Selbstvertrauen ist nur vorgetäuscht. So mutig sie sind, so schnell verlieren sie ihren Mut auch, wie Arbeitspferde, die unzureichend gefüttert werden. Sie tragen die Spuren eines Konflikts, den sie kaum miterlebt haben, eine Art schmerzlose Wunde. Ich kenne drei Schwestern und deren Kusine. Eine widmet sich, sich selbst zum Trotz, allen zum Trotz, der Musik und wird nie davon lassen. Wenn die Musik gerufen hat . . . Die andere malt, aber ich glaube, daß sie nächstes Jahr nicht mehr malen wird. Die dritte tanzt und nimmt ab. Eine Frage von Steaks . . .

Die Kusine hat durch Zufall eine kleine Rolle am Theater bekommen. Demnächst hat sie in einem Stück, in dem alle Mitwirkenden achtzehn Jahre alt sind, ihren ersten Auftritt. Zwischendurch «filmt sie ein bißchen», wie man das ausdrückt. Sie sagt nicht «ein bißchen», sie sagt «ein büßlein», denn sie ist noch kindlich genug, um die Geheimsprachen zu lieben.

Sie heißt Catherine. Wenn sie nicht Catherine hieße, hieße sie Chantal oder Dominique. Die Eltern haben weder Phantasie noch Vorausschau, noch ein Gedächtnis. Sie kommt mich besuchen, weil ihre Mutter, die nur zwanzig Jahre jünger ist als ich, kurz und bündig zu ihr sagt: «Geh und sag Madame Colette guten Tag, sei nett zu ihr, ermüde sie nicht.»

«Kann ich sie bitten, daß sie bei Jean Cocteau ein Wort für mich einlegt?» läßt Catherine einfließen.

«Ja, aber stell es so an, daß es sich beiläufig im Gespräch ergibt.»

Daraus können Sie ersehen, wie wohlerzogen Catherine ist. Sie kommt herein, und bevor sie noch das Tuch aufgeknüpft hat, das einen Hut einspart und die Dauerwelle schützt, sagt sie:

«Madame Colette, würden Sie bei Jean Cocteau ein Wort für mich einlegen?»

«Ja, wenn du mir erzählst, wie dein Kleid im ersten Akt des nächsten Stückes aussieht.»

«Das Stück ist gut kostümiert, so ist das immer», räumt Catherine mit falscher Herablassung ein. «Wenn Jean-Jacques Gautier mich in der Zeitung ein büßlein zerreißt, werde ich ganz gut dabei wegkommen. Zumal mein Kleid im ersten Akt aus dickem, steifem, meergrünem Brokat ist, mit einem Strauß violetter Aurikeln am Gürtel und einer hohen, weißen Stirn.»

«Einer hohen was?»

«Weißen Stirn.»

«Wo denn?»

«Na», sagt Catherine, «auf der Stirn.»

«Gott sei Dank hat du keine hohe Stirn.»

«Oh!» sagt Catherine, «ich werde sie vergrößern, mit einem Rasierapparat.»

«Wie gräßlich!»

«Das ist unbedingt nötig. Das wirkt rein. Besonders in einer Rolle als junges Mädchen. Außerdem hat jeder – die Frauen jedenfalls – eine hohe, weiße Stirn.»

«Das ist mir nur allzuoft aufgefallen. Und wirst du etwa an dem Tag auch die bucklige kleine Stelle hinter deinem Ohr ganz nackt zeigen?»

«Natürlich!»
«Das ist das Äußerste an Schamlosigkeit. Hast du denn im Spiegel nie die Rückseite deiner Ohren gesehen? Dann weißt du nicht, daß das, selbst bei hübschen Frauen, selbst bei einem hübschen kleinen Kind, eine unschöne Stelle ist; daß die kleinen Mädchen von hinten gesehen häßlich sind, seit man sie mit zwei Zöpfchen wie Krebsschwänze frisiert, aus denen kein Haar heraushängt; daß die Rückseite der Ohren, die Nacken und die dürren Hälse bei den Kindern im Wachstum begriffene Landschaften sind, die geziemend mit einer dazu vorbestimmten, goldenen, aschblonden oder braunen Vegetation verhüllt werden; daß es, seit die Frauen zur Schau stellen, was Marguerite Moreno «die ausladende und enzyklopädische Stirn von Kaffeehauskellnern» nennt, daß es seitdem keine mögliche Vereinbarkeit mehr gibt zwischen eurem Gesicht und euren gefährlich gewagten Hüten, zwischen der öden Fläche der Stirn und der zarten Girlande, die sie nach hinten verschiebt, zwischen dem Ödland und dem Vogel auf euren Hüten, zwischen der öden Ebene und den übermütigen Zügen deines achtzehnjährigen Gesichts . . .»
«An mir ist nichts Übermütiges», unterbrach mich Catherine hölzern. «Und sogar Jouvet hat mir einmal gesagt, daß ich eine Zukunft als Opfer habe.»
«Als Opfer von Jouvet, das mag sein.»
«Oh», begann Catherine, hoffnungsvoll errötend.
Aber ich wischte ihre erwachenden und deutlich ablesbaren Hoffnungen mit einer Handbewegung weg.
«Das ist keine Verheißung, Catherine. Erzähl weiter.»
«Aber ich habe ja noch gar nichts gesagt», antwortete Catherine.
Eine derart mustergültige Bosheit, eine derart berechtigte Kritik an meinem Wortschwall traf mich am rechten Fleck, und ich belohnte sie entsprechend:
«In der Schachtel da ist noch etwas Schweizer Schokolade, bedien dich. Was gibt's Neues in der Stadt?»
«Daß man wieder Pony trägt. Alle machen auf Lautrec! Sie werden zufrieden sein, Madame Colette!»
Ich warf ihr den scheelen Blick des alten Kämpfers zu und überschüttete sie mit einigen mir teuren Grundsätzen, die das

mit Laub verglichene Haar, das mit einer Frucht vergleichbare weibliche Gesicht betreffen. Um Catherine zu reizen, ging ich sogar so weit, die glorreichen, von Locken umwallten jungen Stirnen von Martine Rouchaud und Dominique Blanchar zu beschwören. Mehr noch, ich erinnerte mich lauthals an die schwarzen Schmachtlocken, die in Rachildes blasses Katzengesicht krochen. Aber ich besann mich eines Besseren, denn Catherine spähte auf meiner ‹herzkranken› Uhr nach der Uhrzeit. Sie reagierte lediglich, indem sie auch die kleinste, aschblonde Haarsträhne aus ihrem Gesicht verscheuchte, und das mit einer Hingabe, die schon als unverschämt gelten konnte. Sie berief sich auf ihre Probe und schaffte einen guten Abgang, nachdem sie ein sehr hübsches «Aufwiedersehen» deklamiert und dargestellt hatte, was man wohl gute Manieren nennt. Als ob die guten Manieren von einer Handbewegung und einem Tonfall abhingen! Sie schüchtert mich ein, diese aschblonde Catherine mit den spitzen Rundungen, aber ich beeindrucke sie.
Sie verließ mich nicht, ohne mir ihre Gefälligkeiten angeboten zu haben: «Die Decke? Das Kissen? Sind Ihre Stöcke greifbar?» Ein frisches Mädchen, höflich, hart, mutig, verschlossen, das vielleicht im Grunde seines Herzens voller Schwärmereien steckt! Ich mag ihren Widerspruchsgeist, ihre etwas herbe Ausstrahlung, ihre Widerspenstigkeit, die der eines Frühlingszweiges gleicht. Mir scheint, daß alle – und ich selbstverständlich als erste – gemerkt hätten, wenn ein Mann, die Hand, der Mund, der Körper eines Mannes sie berührt hätten. War ich in ihrem Alter auch so? Ich entsinne mich nicht so genau, doch ich erinnere mich deutlich an den Widerwillen – spürt Catherine ihn auch, wenn sie mir nahekommt? –, der mich erzittern ließ, wenn ich mit den Greisen von damals in Berührung kam. Und an den wilden Schwung, der mich, sobald der Besuch zu Ende war, von Madame de Cadalvène und Madame Bourgneuf wegtrug, weg von den Achtzigjährigen, die das Alter und ihre Gebrechen mit festem Griff an ihren Fenstern, am abgewetzten Rand ihrer Altdamennester festhielten. Ich entschlüpfte der kleinen, gelähmten, zur Kralle gekrümmten Hand, die mir Gerstenzucker aus Vichy anbot. Allein Sidos Autorität konnte mich dazu bewegen, zwischen den gefühllosen Füßen in dicken Filzpantoffeln

das Tuch aus indischer Seide, das ich haßte, aufzuheben. Es gab da auch eine bestimmte Tasse und ein bestimmtes, aus schwarzem Roßhaar gewebtes Kissen ... Mir, und nicht Catherine, murmelte eine Stimme zu: «Bei Madame Bourgneuf mußt du sehr lieb sein.» Aber ich hatte nur Augen für Einzelheiten. Ausgerechnet diese Einzelheiten sind es, die sich unabweisbar um mich versammeln – ausgerechnet diese beiden Krücken, der Wollschal, die Brille.

Ah, Pauline, geben Sie mir schnell meinen blauen Morgenmantel, ja, den neuen, und das rosa Halstuch und den Zerstäuber und die Vase mit den Alpenveilchenblüten auf meinem Tisch ... meine Puderdose ... Das alles hätte ich mir wirklich viel früher geben lassen sollen, schon als diese Kleine hereinkam ... Ich sehe ja zum Fürchten aus ...

Selten vergeht ein Tag ohne Geschenke für mich. Damit wir uns recht verstehen: ich werde fast nur von Menschen beschenkt, die mich gut kennen und wissen, wie sie das, was ich meine unersättliche Begehrlichkeit nenne, stillen können. Heute habe ich die ersten Kastanien bekommen: klein, hart, dunkelbraun, mit einem großen hellen Fleck und drei steifen kleinen Härchen am Schwanz, die zeigen, daß sie gerade erst reif geworden sind. Sie stammen aus einem Wald, nahe bei Paris – sieben oder acht Kilometer –, den ich von hier aus sehe: eine steile, bewaldete Böschung, die spärlich mit schlechtgepflegten Kastanien, Eichen und Pinien bewachsen ist. Ein Weg, vielmehr eine Schneise, lädt den Vorübergehenden – ohne besonderen Nachdruck –, eine Hütte aus Holz zu entdecken, die auf einer abbröckelnden Backsteinmauerung sitzt. Was hat diese kleine Datscha dort zu suchen? Psst . . Respektieren wir die geistige Erholung, die sonntägliche Ungeselligkeit zweier überarbeiteter Doktoren – ich nenne sie «meine Doktorinnen». Einmal konnte ich ihnen bis zu ihrem Schlupfwinkel folgen. Dort stellte sich glücklicherweise heraus, daß sie wie alle Kinder sind, die sich in einen Wald flüchten, ein Feuer anzünden, von Papptellern essen, aus der Flasche trinken und dann der Stille lauschen, die der Schrei eines Zuges und der Gesang einer Meise durchlöchern . . . Da ich ihnen einmal gefolgt bin, weiß ich, daß das Eichhörnchen über sie hinwegfliegt und daß sie an einem heißen Tag die Flucht einer großen Natter deckten. Vor ihnen liegt, heiter, von Eisenbahnlinien durchbrochen, hier und da von kleinen Villen durchsetzt, die Einsamkeit der Ile de France, ihre Landschaft und ihr weiter Himmel.

Nur selten begleite ich diese beiden Ehrgeizigen, die davon träumen, Labor und Sprechzimmer für einige Stunden zu vergessen. Ihre vielfältigen wissenschaftlichen Kenntnisse haben

das, was dem Ungebildeten geläufig ist, schon lange überholt. Sie staunen daher über die mimetische Spinne, diese rosige Perle zwischen rosa Heidekraut, über den kugelrunden Bovist, dieses makellose Ei, das kühle Nächte hervorbringen. Sie wissen, was mir Spaß macht, und bringen es mir: einen Hut voller reifer Kastanien und roher Maischwämme zum Schlemmen. Als Augenweide ein paar Wiesenblumen, einen Gallapfel mit flauschiger Behaarung und – in einer einzigen grünen Schale zusammengedrängt – drei noch unreife Kastanien. Die Schale platzt auf, aus der Spalte leuchten in hellem Mahagoni die drei Früchte. Mit meinem Erinnerungshaken ergreife ich das kleine hölzerne Stielende, an dem dieser schöne grüne Seeigel hing, und brauche nur noch bis in das dichte Laubwerk zu steigen, in die Nachbarschaft der Kiefern. In der Ferne nichts als Sand, Birken, Heidekraut und mit Früchten überladenes Brombeergestrüpp. Laßt mich gehen, ich verirre mich nicht.
Schließt die Tür meines Zimmers. Ich brauche niemanden, der mich bei meinem Spaziergang führt. Ich brauchte nur diese drei in einer aufgeplatzten Schale zusammengedrängten Kastanien . . . Auf Wiedersehen, auf Wiedersehen. Vielleicht komme ich etwas verspätet zum Abendessen . . .

Jean Marais hat mir eine mit Ölfarben auf ein Holztäfelchen gemalte Landschaft geschenkt. Im Vordergrund, auf die Borke eines dicken, weit verzweigten Baumes, hat er meinen Namen geschrieben. Hinter dem Baum breiten sich die Wiesen aus, verlängert noch durch das ferne Meer bei Arcachon, auf dessen Blau ich mich ausruhe.
Dieser große Erzengel mit den ernsten Zügen, den die Bühne der Leinwand streitig macht und den die Leinwand der Bühne wieder wegnimmt! Wenn er bei mir eintritt, faltet er seine Flügel zusammen, mit denen er sich an Gerüsten stößt und an Scheinwerfern versengt. Er beklagt sich nicht, er trägt alles mit seiner Engelsgeduld. Doch er versucht oft, sich davonzustehlen. Manchmal schafft er es, indem er in den Tunnel unter einem kleinen Zwischengeschoß mit sehr niedriger Decke kriecht. Die Knie unter dem Kinn, die Ellenbogen an den Körper gepreßt, verkrampft und glücklich über ein Brettchen, nicht viel größer

als eine Zigarettenschachtel gebeugt, so hat er ein schönes Stück Unendlichkeit für mich gemalt.
Anschließend hat er es mir gebracht, hat mich geküßt und hat weder meine kranken Beine gestreift noch mein Tischbänkchen angestoßen, noch meine Brille hinuntergeworfen. Ohne mich im mindesten zu erdrücken, drückte er auf seine gute, kindliche und starke Art seinen wilden Haarpelz, seine geblähten Nüstern zwischen mein Ohr und meine Schulter. Moulouk dagegen, der Hund, der sich Jean Marais verschrieben hat, der in seiner Abwesenheit altert und sich unter seinem Blick verjüngt, wandte den Kopf ab und weigerte sich, mir guten Tag zu sagen.
Letzte Woche bin ich zu einer gestohlenen Frucht gekommen. Eine «Person aus dem Viertel», die Klatschbase mit den neuesten Neuigkeiten auf den Lippen, war es, die sie mir brachte. Auf einem kahlen Zweig hielt sich tapfer ein etwas faltiger Apfel. «Das ist ein japanischer Apfel», flüsterte die Klatschbase. «Er stammt aus den Gärten unterhalb vom Eiffelturm. Er wurde für Madame Colette gestohlen, als der Gärtner gerade seine Pfeife ansteckte.» Sogleich habe ich zu träumen begonnen, daß sich die bislang unerforschten Gärten des Turmes für den exotischen Baum bereitgehalten hatten, für den Mangobaum, und den Cherimoya oder Sumpfflaschenbaum und – wer weiß? – für die Riesenfrucht des Affenbrotbaums . . .
Kaum war der Apfel dann allein mit mir, verströmte er einen Geruch halb nach Quitte, halb nach Apfel, den ich zauberhaft fand und der so stark war, daß selbst das so oft von gebratenen Zwiebeln heimgesuchte Vorzimmer daran teilhatte. Kurz darauf roch es im Treppenhaus, dem die Herren Kater eine allzu eifrige Verehrung entgegenbringen, nur noch nach dem wildgewordenen Apfel, nach der Quitte, vermischt mit Zitrone, aber zwanzigtausendmal stärker als alle drei zusammen. Gänzlich hemmungslos geworden, stieg der Wohlgeruch bis ins Erdgeschoß hinunter und weckte die Frau Buchhändlerin, die zwei Finger an ihre noch traumbefangene Schläfe legte und bedauerte, daß sie die Zeit zum Einkochen ihrer Konfitüre verpaßt hatte.
Als die Nacht durch mein geöffnetes Fenster schien, lud ich den gestohlenen Apfel ein, in meiner Nähe zu schlafen, obwohl die Mitternacht und der abnehmende Mond seine Duftkünste noch

verzehnfachten und mein bester Freund im Nebenzimmer mich davon abzubringen suchte, indem er laute Schreie ausstieß und Japan, den Apfelbaum, die Gefahren giftiger Gerüche und die Plünderer öffentlicher Gärten mit hundert Verwünschungen bedachte. Da er als guterzogener Mensch seine lauten Schreie aber nur halblaut ausstößt, hörte ich ihn nicht und schiffte mich vertrauensvoll auf einer Schlafwelle ein, die bald von Trugbildern und Träumen bedrängt wurde, wie sie an Bord meines Bett-Floßes nie vorgekommen waren.
Die Hexerei hat bei mir noch nie das letzte Wort behalten. Weil der Spätsommer noch schön ist und ich noch «im Garten» schlafe, brauchte ich also nur den Arm auszustrecken, den gestohlenen Apfel zu packen und ihn hinauszuwerfen. Da die Morgendämmerung und der Tau den Garten schon in fahles Licht tauchten, sah ich zwischen den Balustern meines Fensters, wie unter einem japanischen Lorbeer eine lange, schwarze Katze hervorschoß und den Apfel verfolgte. Doch als sie ihn eingeholt hatte, bekam sie einen Anfall von Übelkeit und fing sofort an, ihn mit Erde zu bedecken, womit sie ihm den Platz zuwies, der ihm nach seiner Herkunft aus zweifelhaften Paradiesen wahrscheinlich zukam. Dann entfernte sie sich mit gemessenen Katzenschritten, ohne Zweifel befriedigt, daß sie die gemeine Zauberei mit Hilfe der Asche, des Ekels und des Vergessens vereitelt hatte.

Seit langem schon habe ich die Gewohnheit abgelegt, einen Briefumschlag zu betrachten, bevor ich ihn öffne, die Schrift zu studieren, bevor ich lese. Eine Gewohnheit, die nur der Einsame beibehält, dem es an Briefkontakten mangelt. Schon früh habe ich damit angefangen, die Briefumschläge aufzureißen, manchmal sogar zum großen Schaden ihres Inhalts. André Lecerf würde sagen, daß das ein Chrakterzug ist, aber ich fürchte, kein schmeichelhafter.
Warum nehme ich nicht einen Brieföffner zu Hilfe, was bequemer und eleganter wäre? Ah, da haben wir's! Wieso habe ich nur treulose Brieföffner? Früher kaufte ich sie dutzendweise aus weißem Holz in den Bahnhofsbuchhandlungen. Doch sie verschwanden dann auch dutzendweise. Die Bleistiftspitze bricht ab

und springt mir an die Nase. Die Klingel ist ein Theaterrequisit, eine Saite die keinen Laut von sich gibt. Meine Uhr ist herzkrank, wie ich schon sagte. Die Abendzeitung verschwindet, löst sich auf. Eine Familienkrankheit, erblich bedingt. Mein Vater konnte das närrische Verhalten der Zeitung «Le Temps» nur bändigen, indem er sich draufsetzte. Selbst dieses Gewicht genügte kaum. Was fängt man mit einem Radiergummi an? Was mit einem Lineal? Die zur Arbeitserleichterung erfundenen Gegenstände haben es nie geschafft, mir zu helfen. Aber ihre Gerissenheit kann es mit meiner nicht aufnehmen, die darin besteht, auf sie zu verzichten. Ich überzeuge mich davon, daß ich allmählich eine gewisse Unabhängigkeit gewinne. Es wäre höchste Zeit.

Die Stunden, wenn die Post kommt, sind heiße Augenblicke im Dasein eines Schriftstellers. Wenn die Briefumschläge aufgerissen, die Briefe Unbekannter durchgesehen sind – ach, könnten sie sich doch kürzer fassen! –, stöbert ein uneingestandener Appetit, ein Hunger nach menschlicher Gesellschaft noch weiter, seufzt: «Uff», und gleichzeitig «Ist das alles?» Die Überreste meiner graphologischen Kenntnis entlocken mir beim Anblick gewisser Schriftzüge ein beleidigtes Brummeln. Wenn die Schrift ein Porträt ist, so muß einem doch nicht jede handgeschriebene Seite unbedingt ein fratzenhaftes, verräterisches, getreues Porträt aufdrängen.

Vom sechsten bis zum zwölften Lebensjahr schrieb ich schnell und schlecht, wie alle Kinder, denen man nur die sogenannte englische Schrägschrift beibrachte, die ihre rechte Schulter schief und ihren rechten Zeigefinger höckrig machte. Zu meinem Glück wurde, als ich dreizehn war, in meinem Dorf eine junge, lebhafte und anspruchsvolle Frau als Lehrerin eingesetzt, die sich über meine Hefte beugte und sagte:

«Was für eine häßliche Schrift! Warum?»

Auf dieses letzte Wort war ich nicht gefaßt und wußte nicht, was ich antworten sollte.

«Ja, warum? Diese Schrift ist unverzeihlich. Ich gebe Ihnen eine Woche Zeit, sie zu verbessern. Das genügt vollauf. Benutzen Sie die Flament-Federn Nr. 2, die eine breite Spitze haben. Das wird Ihnen helfen, langsamer, deutlicher zu schreiben und Ihre

Schrift aufzurichten. Haben Sie sich nie überlegt, daß es furchtbar unhöflich ist, unleserlich zu schreiben? Ich werde nicht zulassen, daß Sie zu mir so unhöflich sind.»

Eine solche Strafpredigt bewirkte schnelle Erfolge. Ein halbes Jahrhundert später versuchte ich es damit bei Claude Chauvière, deren Schrift jede Höflichkeit vermissen ließ. Fließend, unausgeprägt, aber expressiv, vernachlässigte sie leider Schleifen und Querstriche und überging die Unterlängen. Eine Spruchband-Schrift, die Fluchtgedanken verriet. Verärgert und unbehaglich, mühte ich mich ab, sie zu entziffern, und ich schalt Claude ein schlechterzogenes Kind.

Sie hatte ein aufbrausendes Temperament und ein stolzes Herz; sie wurde blaß, sie wurde rot:

«Madame, ich werde meine Unhöflichkeit wiedergutmachen, indem ich Sie von einer derart anstrengenden Lektüre und der Anwesenheit einer unerzogenen Person erlöse.»

Daraufhin schalt ich sie kleines Dummerchen, ein Wort, das sie – plötzlich lächelnd und weinend – wie das süßeste Lob einsog. Heute bin ich sehr froh, ihre nachlässige Schrift an den Rändern und zwischen den Zeilen jenes Manuskripts wiederzusehen, jenes Ausbruchs von Überschwang und Ratlosigkeit, von dem ich Fahnenabzüge besitze und das sie «Manuskript. Gefunden in einem Kloster» überschrieb.

Die harmonische, wundervolle Schrift von Germaine Beaumont ist eine Erholung für Auge und Geist. Man kann darin alle wertvollen Eigenschaften dieser großen Schriftstellerin lesen, und sogar noch eine mehr: ich meine diese vornehme Art von Verachtung, zu der sie auf Grund ihres Talents und der Unabhängigkeit, die sie gewählt hat, berechtigt ist.

Meine Schrift ist beileibe nicht häßlich. Sie ist wie ich, weder klein noch groß, eher breit als zart und lesbar. Von Zeit zu Zeit kann ich mir ruhig ein kleines Kompliment machen.

Wir finden uns schwer damit ab, daß die Stunde der Post – vor allem die der Morgenpost – nicht die Stunde der Hoffnung, der Überraschung und der Belohnung ist. Unwillig lieben wir den Papierkram, die verschlossenen, dann geöffneten, dann um uns verstreuten Briefe. Wir hören auf, sie zu lieben, sobald sie keine Geheimnisse mehr enthalten, keine Zurückhaltung und Rück-

sichtnahme mehr kennen, sobald sie weitschweifig werden und sich zwischen Prospekten, Arzneimittelwerbungen, Einladungen zur Vernissage und Bücherkatalogen herumtreiben.
Nur unsere engsten Freunde bieten, wenn sie fern von uns sind, in ihren Briefen ein Minimum an Redseligkeit, ein Maximum an Zurückhaltung auf, verschweigen ihre eigenen Sorgen und befassen sich zu sehr mit uns – in meinem Fall: mit meiner Arthritis. Sie haben einen Knochenfacharzt entdeckt, der ... einen Wünschelrutengänger, welcher ... Sie zitieren einen Fall wunderbarer Heilung, eine Thermalquelle, deren ...
Dann werde ich richtig böse, denn schließlich wollte ich gerade etwas über ihre Reise, über die Episoden ihres Aufenthaltes lesen und erfahren, wie viele Zähnchen ihre Enkelin hat, wie hoch die Frucht in der Gegend steht, also hören, was es Neues gibt. Haben meine Freunde, der beste und die übrigen, denn keine Ahnung, was mich interessiert?
Ich tröste mich mit dem Rest meiner Post, mit den Briefen von Unbekannten. Außer der Chance, bei so manchem Briefschreiber dieser ausgesprochen französischen Anmut zu begegnen, habe ich die Chance, mich zu wundern. Man bittet mich nämlich um Sachen, von denen ich glaubte, sie lägen außerhalb meiner Zuständigkeit, zum Beispiel um «eine Vertrauensperson, die eine Dame im reiferen Alter pflegen könnte». Und «wenn es nicht zuviel verlangt ist, einen anständigen Mann, vom Typ Weinhändlerlehrling, für eine sichere Stellung in einer mittelgroßen Stadt. Ich erlaube mir, Sie danach zu fragen, Madame Colette, weil man ja weiß, daß Sie das Leben kennen.»
Gewiß, Madame! Vielleicht nicht gerade das eines Weinhändlerlehrlings, aber ‹man› weiß tatsächlich – dieses vertrauensvolle ‹man› gefällt mir –, daß ich vor einem tierärztlichen Ratschlag nicht zurückschrecke und daß ich nicht die Geschichte der Kanarienvögel im Käfig in den Papierkorb werfe, die aus Not freigelassen wurden, die sich mit Spatzen kreuzten und noch zwei Jahre danach ihren Nachkommen hier und da eine kleine gelbe Feder und die Spur eines Trillers in der Kehle vererbten. Ich zerreiße die Geschichte der Hauskatze nicht, die die schöne, ängstliche, erschöpfte, zitternde Wildkatze mit Geduld und Liebe Schritt für Schritt in das Forsthaus führte. Auch die Kinder-

zeichnungen werfe ich nicht weg. Wenn ich auf mich hörte, würde ich gar nichts wegwerfen. Ich versuche, sowenig wie möglich auf mich zu hören und streng zu bleiben gegenüber der Not, die Ermutigung und Stärkung bei mir sucht, gegenüber der Geltungssucht, die sich Berufung nennt, gegenüber dem ausufernden Roman, der Literatur auf Abwegen und der Bibliophilie in ihrer kümmerlichsten und faulsten Form: «Madame, ich hinterlege mein Exemplar bei Ihnen und hole es morgen mit Ihrer Widmung wieder ab.» Eine kurze Formulierung? Verzeihen Sie mir, ich habe sie nicht geschrieben.

Nicht alle jungen Bibliomanen sind so . . . knapp. Haben sie unrecht? Vielleicht, denn wenn der erste Anflug von Ärger über die hartgesottene, allzu betriebsame Jugend vorüber ist, signieren wir, antworten wir. Was auch immer wir von ihr halten mögen, wir fühlen uns ihr gegenüber weder unabhängig noch frei. In einem Gefühl der Abwehr begehre ich gegen das auf, was die Jugend trotz allem mit größtem Recht von uns fordert, nämlich das, was sie unsere Erfahrung nennt. Sie verlangt Ratschläge, Kritik. Sie will nicht bloß wie der kleine Yniold «jemandem etwas sagen», sondern zuhören, einer Stimme lauschen, die ihr von sich selbst erzählt.

Ihr Kinder, ihr jungen Leute, die ihr so beherzt seid, mir zu schreiben, und schon in den ersten Zeilen auf eure «Schüchternheit» zu sprechen kommt, habt ihr denn niemals in Erwägung gezogen, daß meine Schüchternheit womöglich noch größer ist? Ich schütze mich vor euch, ich schweige, ich fürchte euch. Ich versuche, mit euch zu lachen, ohne euren Namen zu nennen und ohne euch zu verraten. Aber ich möchte euch diese Verrücktheit austreiben, einer alten Schriftstellerin zu schreiben, als müßte diese jener anderen Verrücktheit nachgeben: euch zu antworten. Da ich nicht mehr tun kann, als euch zu lesen, lese ich euch, und zwar sehr gewissenhaft. Ich habe aber begründeten Anlaß zu glauben, daß die von der Lust am Schreiben Besessensten gerade nicht die Auserwählten sind. Sie darüber aufzuklären . . . dazu fühle ich mich weder berechtigt noch aufgelegt.

Warten Sie, lesen wir zusammen einige von diesen Briefen, die sich im Tonfall unerschütterlicher, kindischer Selbstzufriedenheit an mich wenden. In dem ersten erklingt übrigens noch ein

Nachhall von Marguerite Moreno, von ihrer Zuverlässigkeit und sanften Neckerei, mit der sie Briefe beantwortete.
«Madame Colette, ich bin sehr verstimmt darüber, daß mich Marguerite Morenos Tod um eine Begegnung mit ihr gebracht hat. Diese Dame war sehr liebenswürdig, sie hatte mir versprochen, mich zu empfangen und mich bei den Zeitungen zu empfehlen. Ich habe nämlich Talent für das Komische, und in meiner Umgebung sagt man mir, meine Essays und meine anderen Dichtungen seien eindrucksvoll. Eines Tages, als ich mit Madame Moreno telefonierte, habe ich ihr gesagt, daß es besser wäre, mit der Veröffentlichung nicht zu lange zu warten, da ich neunundsiebzig Jahre alt bin. Sie sagte mir aber, daß mein Alter im Gegenteil ein zusätzlicher Reiz wäre. In Anbetracht ihres Todes nehme ich mir die Freiheit, mich an Sie zu wenden, usw. . . .»
«Madame Colette, ich weiß nicht, ob Sie sich an mich erinnern. Ich war das kleine Mädchen von sieben Jahren, das die Besorgungen machte, als Sie 1904 einmal in X . . . waren. Inzwischen bin ich verheiratet, und wir haben viel Pech gehabt. Jetzt wird es allmählich etwas besser, aber es fehlen uns noch viele Kleinigkeiten. Daher habe ich an Sie gedacht, damit Sie uns in Ihrem Bekanntenkreis umsonst ein ausrangiertes Auto beschaffen. Mein Mann, der handwerklich sehr geschickt ist, könnte sicher etwas daraus machen. Ich danke Ihnen im voraus, liebe Madame Colette, usw. . . .»
Noch einen? Meinetwegen lesen wir noch einen anderen, den meiner Meinung nach überraschendsten:
«Madame, ich würde gerne einige Ihrer Werke, unter anderem ‹Claudines Haus› in Gedichtform umsetzen. Ich biete Ihnen hiermit spontan an, Ihren Rhythmus in den meinen, der streng poetisch ist, zu übertragen. Ich hoffe, daß die Idee Ihnen gefallen wird. Möchten Sie vielleicht das Vorwort schreiben? Weitere Ratschläge von Ihnen (in bezug auf Verleger, Druck, Vertrieb usw.) wären mir sehr nützlich. Anbei einige Proben, die ich für eine gute Auswahl halte.»
Jeh nun, was wollen Sie? So ist das.
Wie, mit welcher Einstellung soll ich diese Briefe lesen? Was soll ich in ihnen suchen, wenn nicht ein ruhiges Selbstvertrauen, vor

allem aber eine erstaunliche Unkenntnis des wirklichen Lebens und, im Widerspruch dazu, den Kult des Geheimnisvollen und das Bedürfnis zu schreien.
Würden Sie meine wohlmeinenden Ratgeber nicht lieben, so wie ich sie liebe? Nicht alle sind sie wohlwollend, aber für den, der Selbstzweifel hegt, ist ihre Selbstsicherheit fast wie ein Schulterklopfen.
«Madame Colette, das Lesen ist unsere große Freude. Doch wir verhehlen Ihnen nicht, daß uns Ihre Geschichten von Anno dazumal etwas ermüden, wir hätten lieber etwas Aktuelleres. Wir zögern nicht, Ihnen dies zu schreiben, es kann Ihnen nur nützlich sein usw. . . .»
«Madame Colette, wir, meine Schwester und ich, haben uns gefreut, als wir Ihr letztes Buch lasen. Als nächstes müssen Sie unbedingt noch mehr Geschichten aus Ihrer Kindheit schreiben, die sind am amüsantesten. Im Radio darf man nicht so ablesen, wie Sie es tun, man muß wie bei einer vertraulichen Unterhaltung sprechen usw. . . .»
«Ihre ‹Erinnerungen› sind ein bißchen farblos, ein bißchen matt. Aus Ihren Dialogen mit dem ‹besten Freund› müßten mehr Gefühl, mehr Zärtlichkeit sprechen. Einerseits ein bißchen zu matt, andererseits ein bißchen zu literarisch, und überdies von Halbwahrheiten vernebelt. Es gäbe mehr und Besseres zu sagen. Glauben Sie einem Kollegen, den allein sein Gesundheitszustand daran gehindert hat, ein Mann der Zunft zu bleiben, usw. . . .»

Auf wen soll ich hören? Wenn mir noch zwanzig oder dreißig Jahre zu leben blieben, würde ich dazu kommen, aus den so selbstlosen Belehrungen – wenn sie auch leicht widersprüchlich sind – meinen Nutzen zu ziehen.
Ich zitiere nicht, um Verdruß zu stiften, sondern um zu zeigen, mit welch direkten, bei Bedarf zwingenden Mitteln der Leser sich mit dem Schriftsteller in Verbindung setzt. Ich glaube, es gibt kein wirksames Mittel, nicht von ihm in Beschlag genommen zu werden. Seit bald einem halben Jahrhundert an seine Ansprüche gewöhnt, an die wahnwitzige Hingabe, die die Feder einsamer Frauen, besessener Männer, monomaner Fragesteller

führt, glaube ich, daß ich ihre Taktlosigkeiten ihrem Schweigen vorziehe.

«Madame,
Ich schicke Ihnen mein Lebenswerk. Es besteht aus Eindrücken, die ich bei meiner Lektüre gewonnen habe, und aus deren Würdigungen. Zwischen Titel und Text habe ich ein leeres Blatt gelassen, auf das Sie bitte ein Vorwort schreiben wollen. Ich werde das Manuskript in einer Woche wieder abholen lassen.
Hochachtungsvoll . . . usw.
P.S. Das Vorwort bitte so lang wie möglich.»
Ich fresse einen Besen, wenn ich lüge, wie man bei uns sagt: das schwergewichtige Manuskript, das per Einschreiben mit der Post gekommen war, hatte seinen Absender einhundertsechsundvierzig Francs Porto gekostet!

«Madame,
Ich bin dreizehneinhalb Jahre alt. *Mein ganzes Leben lang* hat mich das Bedürfnis zu schreiben gequält. Mir wurde *immer* gesagt, ich hätte viel Talent. Aber ich habe gezögert. Und jetzt glaube ich, daß es zu spät ist, eine so schwerwiegende Entscheidung zu treffen. Meine Eltern sagen mir, ich müßte meine Studien fortsetzen, aber die interessieren mich nicht. Könnten Sie, Madame, mir Ihre Meinung dazu sagen usw. . . .»
Ich selbst habe die Wörter «mein ganzes Leben lang» und «immer» unterstrichen. Als ich sie las, dachte ich an den kleinen Akrobatenjungen, der auf dem Mosaik des Hofes von Chartres freihändig auf dem Fahrrad schwindelerregende Kreise und Achten drehte. Ich fragte seinen bärtigen Großvater, der auf ihn aufpaßte, nach dem Alter des Kindes:
«Viereinhalb Jahre.»
«Viereinhalb Jahre! Und da kann er so fahren!»
«Oh!» sagte der stolze Alte, «das hat er gelernt, als er ganz klein war.»
Ich bewundere die Sportskanonen-Kinder, doch vor den Schriftsteller-Kindern habe ich ein bißchen Angst. Einmal, weil es zu viele sind. Und wer hätte andererseits keine Angst vor einem Kind, vor seiner Kraft, vor der Ungezwungenheit, mit der es sich

in undurchdringliche geistige Regionen vorwagt? Um es mit uns aufzunehmen, wenn die Leidenschaft für die Schriftstellerei es packt, fehlt ihm lediglich der Wortschatz. Ich könnte mehr als ein fünfzehnjähriges Mädchen – zumindest mit dem Pseudonym, das es gewählt hat – nennen, dessen Gepäck Gedichte, ein, zwei Komödien, drei oder mehr Romane und «Memoiren» (!) enthält. Die gleiche Flut bei den Jungen. Natürlich dränge ich mich nicht danach, mir über so viele junge Werke, die mir ohne meine Zustimmung anvertraut wurden, eine Meinung zu bilden. Doch es bleibt mir die Fähigkeit zu staunen, und sei es nur darüber, wie eine schriftstellernde Jugend ihr eigenes Jungsein auszuschlachten versucht. Wenn sie manchmal ihre Identität verheimlicht, vergißt sie doch nicht, ihr Alter einzugestehen: «Madame, ich bin sechzehn Jahre alt. Madame, ich bin dreizehn, vierzehn Jahre . . .» Sind das dieselben Kinder, die von Eltern, Betreuern und Lehrern als «kleine Rohlinge» bezeichnet werden, «die ausschließlich auf harte Sportarten erpicht sind»? Irgend jemand täuscht sich hier, irgend jemand wird hier getäuscht. Die scheinbar kindliche Beharrlichkeit und Offenherzigkeit ihrer Annäherungsversuche haben neben der Lust an der Selbstdarstellung sicherlich noch etwas vom Gebrauch einer Waffe an sich. «Madame, ich bin so jung!» Wenn ich das lese, fürchte ich, einen Unterton herauszuhören, der nicht der Aufschrei bloßer Schwäche ist, doch dann werfe ich mir einen Mangel an Lauterkeit vor. Aber der junge Dämon läßt nicht locker: «Madame, reizt es Sie nicht zu erfahren, wie jung ich noch bin? Sehen Sie doch selbst . . .» Eine Fotografie fällt aus dem Brief. Wie soll man das Verschicken von Porträts verstehen, die Mädchen mit Lockenkopf und kurzem Rock, die Jungen in Badeanzug oder Badehose? Ach was, das ist der Einfluß des Kinos. Aber diese besessenen Kinder wissen sehr wohl, daß die Jugend eine Waffe ist und daß sie noch wirksamer ist, wenn sie die Züge der Schönheit trägt.
Zu meinem Glück habe ich in Dingen der Literatur weder Geduld noch die Fähigkeit zu belehren. Was sollte ich jene lehren, die schon in frühester Jugend von sich eingenommen sind, die sich lieben, statt sich zu zermartern, was sollte ich sie lehren, wenn nicht Zweifel an sich selbst?

Oh, ihr dichtenden Kinder! Kinder noch, gewiß, doch wie qualvoll ist es zu wissen, daß ihr ausgenutzt werdet, daß ihr bereit seid, euch zu verkaufen, wenn man euch genügend Muße, Brot und Wärme, ja sogar Fürsorge gibt – lauter Tauschobjekte. Wie schwer ist es, nicht an euch zu denken! Man glaubt, alles gelöst zu haben, wenn man sich vornimmt, wenn ich mir selbst vornehme, nie dem Echo gewisser Sätze nachzulauschen: «Madame, ich bin fünfzehn Jahre alt. Mein Leben lang hat mich der gebieterische Zwang zu schreiben . . .» Ich kann mit diesen zu einem Bündel verschnürten Blättern aus feinem Papier, die von früheren Bittgängen schon ganz zerknittert und vergilbt sind, nichts anfangen, wenn dieses benebelnde Bündel von Lüge, Vermessenheit, zu Kopf steigender Verzweiflung sich nicht auflehnt, sträubt, wehrt – dieser Blumenstrauß, diese Drohung . . .

«Zum Essen sind sie viel zu schade», sagt Marcelle Blot.
«Wir müssen sie ja nicht essen, Marcelle.»
Zwischen meine mit Schlieren, Millefiori, Spaltpilzen und Blümchen gefüllten gläsernen Briefbeschwerer legt Marcelle die runden, makellos roten Tomaten ohne Falten und Rippen, die letzten Tomaten aus ihrem Garten in Saint-Cloud, und seufzt: «Doch, wir müssen. Weil sie so gut schmecken.»
Die Große Marcelle, die Freundin der Maler – und die meine –, verströmt den kräftigen Geruch von Estragon, Kerbel und Petersilie, die sie um einen elfenbeinfarbenen Sellerie und einen malvenblütigen Thymianzweig zum Strauß gebunden hat, um sie mir zu bringen. Alles, was durch ihre Hände geht, gewinnt etwas von der Kunstfertigkeit der Stickerin, Flechterin, Blumenbinderin oder Dekorateurin. Sie stellt meisterhafte Damenhüte her. Und dann, plötzlich, weigert sie sich, Hüte zu machen. Wegen der Hüte? Nein, wegen der Damen. Sie ist so bedingungslos unangepaßt. Dabei war sie es, die die feinen Flechtarbeiten aus Raphiabast erfand, den sie zu Blättern formte, den sie zu Gürteln und Sandalen verarbeitete. Ich habe zugesehen, wie sie aus einem Zweig voller Dornen, auf die sie die weißen Perlen der Mistel aufreihen wollte, eine Brautkrone machte. Heute kommt sie aus Saint-Cloud zu mir, in den drei Farben einer frischen Bäuerin: die Augen blau, die Zähne weiß und die Wangen rot.
«Arbeiten Sie denn augenblicklich nicht, Marcelle?»
«Oh, doch!» sagt Marcelle. «Ich habe eine so hübsche Arbeit gemacht, daß ich meine ganze Zeit damit verschwende, sie zu bewundern. In meinem Garten habe ich vier große Ligusterbüsche. Sie waren nie etwas anderes als Liguster. Sie haben nur eine Ligustergegenwart und eine Ligusterzukunft. Ich wollte sie schon ausgraben. Ich habe mich oft gefragt, wie ich ihr Los als

Liguster verbessern könnte, und ich habe etwas gefunden. Mit der Gartenschere habe ich jeden Busch in der Mitte ausgelichtet, wobei ich rundherum einen genügend breiten Rand stehenließ, und habe alle Zweige entblättert. Die abgeschnittenen und die stehengebliebenen Zweige habe ich wie bei einem Korb, das heißt wie bei einem Käfig, verflochten, das ist eine Arbeit, die mir vertraut ist. Ein festes Flechtwerk mit ein paar kleinen Luken. Innen habe ich kleine Querstangen eingezogen, die einen als Sitzstangen, die anderen zum Aufhängen der Trink- und Futternäpfe. Können Sie sich meine lebenden Käfige vorstellen? Auf der Wind- und Wetterseite habe ich sehr fest geflochten und noch fester zur Spitze hin, die in einer Kuppel ausläuft.»
«Und was sagen die Vögel dazu, Marcelle?»
Begeistert hebt sie die Hände:
«Die Vögel? Die haben schon so viel dazu gesagt, daß sie fast sprachlos sind. Der erste Käfig war noch nicht fertig, da hatten sie es schon verstanden. Dieses Vogelgezwitscher hätten Sie hören sollen! Und das Getuschel und das Gezänk! Ich verbringe meine Zeit damit, sie zu beobachten. Ich habe drei Arten von Meisen, Dompfaffen, Finken und andere, die ich nicht kenne, gesehen. Mein Kater guckt mich ganz komisch an. Er muß annehmen, daß ich vom Bau einer Falle nichts verstehe. Tatsächlich . . .»
«Und die Vögel, haben die denn nicht an eine Falle geglaubt?»
Marcelles himmelblaue Augen blicken mich etwas geringschätzig an:
«Nein», sagt sie. «Sie wissen doch, wer ich bin. Jedenfalls fliegen sie durch die kleinen Öffnungen hinein und hinaus. Die Meise klettert mit dem Kopf nach unten, in die Zweige gekrallt wie ein Sittich, hinein. Die anderen fliegen mit Schwung von draußen nach drinnen, denken Sie nur, gegen den Ansturm der Vögel, die aus dem Käfig flattern. Das ist umwerfend! Man sagt mir, daß sie sich im Frühjahr um einen Platz in meinen Käfigen zanken werden.»
Nachdenklich verschließt Marcelle den Korb, der mir die letzten Schätze aus ihrem Gemüsegarten brachte:
«Na ja», sagt sie resolut, «bis dahin erfinde ich etwas, das sie davon abhält, sich zu zanken.»

Sie bindet ihr Tuch unter dem Kinn zu und geht, doch ich rufe sie zurück:
«Marcelle, Marcelle! Haben Sie mir mein Hütchen aus schwarzem Samt mitgebracht?»
Ihr schönes Gärtnerinnengesicht taucht noch einmal im Türspalt auf.
«O nein, was denken Sie denn! Ich hatte keine Zeit. Meine Kunden im Liguster hatten es eiliger als Sie! Sie, Sie gehen ja fast nie aus, und die schlafen jede Nacht im Freien!»

Südfrankreich, 1948

Von dem Tag an, an dem die erste Herbstfeige reif ist, können Sie damit rechnen, daß Ihnen jeden Morgen eine weitere, zehn weitere Herbstfeigen in die Hand purzeln: weich, mit starrem Stiel, mit ihrem Fasanenauge auf dem Hinterteil und den parallelen Rillen auf ihrem Körper, die ihre zarte, violette oder graue Haut durchziehen. In den ersten Tagen kann man sich nicht satt an ihnen essen. Was sind bei unserem Appetit sechs, zehn, zwölf Feigen, die noch kühl sind von der Nacht, die sich beim Öffnen in zwei Hälften spalten und innen rot sind wie Granatäpfel? Sie haben noch nicht ihre richtige Honigsüße und sind im Mund um so angenehmer.

Doch immer schneller reifen sie, immer mehr werden es. Noch ist die Woche nicht zu Ende, da sind der große Feigenbaum, der junge Feigenbaum weiter unten und der verwachsene Feigenbaum überladen mit reifen Feigen, die an ihren Hälsen nach unten hängen wie die Nester des Kazike genannten Vogels. Wir werden nicht fertig mit ihnen. Sie verdienen allesamt, abgeerntet und auf dem Trockenrost getrocknet zu werden. Beeilt euch, ihr seht doch, daß die Weintraube anfängt ungeduldig zu werden, daß die Tomate mit ihrer verschwenderischen Fülle und Röte am Ende ist und daß auf den Pfirsichbäumen nur noch diese kleinen Plüschkugeln, diese harten Geschosse übrig sind, mit denen sich die Kinder bombardieren.

Danach werden sich auf den Bäumen nur noch die Äpfel wiegen, Äpfel in Hülle und Fülle in den Talmulden bei Grasse und in den Obstgärten von Solliès-Pont. Ab und zu fällt einer dieser schönen, in die Fremde verschlagenen normannischen Äpfel herunter und schwimmt auf den erstaunten Wassern des reißenden Gapeau davon.

Wenn ich nicht zur gleichen Zeit wie ein Fuhrwerk angekommen wäre, mit einem dicksteißigen, dickbäuchigen Pferd und einer sorgfältig mit Planen zugedeckten Ladung langer Körbe aus grober Weide, hätte ich geglaubt, die Fabrik, die Blumenduftstoffe herstellt, schliefe in ihrem großen Garten. Auf diesem bäuerlichen Gefährt treffen neunhundert Kilo Jasminblüten ein. In meinem Rollstuhl folge ich ihrer Spur.

Erst vor vier Stunden haben sie ihr Feld verlassen, und noch sind sie längst nicht verwelkt. Sie fahren zu ihrer Destillierung und ziehen mich hinter sich her. Unter den mit Lüftungen versehenen Decken hängt eine zäh sich zerteilende Luft, die sich vor den lautlosen Schritten der Männer, die an der Parfumherstellung arbeiten, gemächlich öffnet.

Neunhundert Kilo Jasminblüten, eine hastig auf die glatten Fliesen geschüttete, noch weiße Streu, gleich neben einem Teppich von Nachthyazinthen, die beim Verwelken unbarmherzig duften und ihre sanfte Fleischfarbe bewahren. Eine dumpfe Hingabe, fast ein Wunsch, nicht mehr zu leben, steigt aus diesen unschätzbaren Blütenbergen auf; am liebsten würde ich hierbleiben, kraftlos und zuversichtlich, unter der Obhut eines jungen Mädchens, das sich heute bereit erklärt hat, meinen Rollstuhl zu schieben. Sie ist ein sehr hübsches Kind, das ich mein kleines Zauberpferd nenne. Wenn ich besorgt frage: «Bin ich zu schwer?» antwortet sie verneinend mit einem Kopfschütteln – einem Mähnenschütteln –, für ein kleines Zauberpferdchen ist nichts zu schwer.

Der Fabrikherr will mich dorthin führen, wo sich in einer Reihe geschlossener Behälter der Umwandlungsprozeß vollzieht, der den Überresten der Gartenkulturen von Grasse bevorsteht. Kein Auge wird sie mehr in ihrer Blumengestalt zu Gesicht bekommen.

Es ist ein wahres Wunder, wie redlich eine solche Industrie ist. Hier gewinnt man Jasmin aus Jasmin, und aus den Iriszwiebeln entsteht Iris. «Wenn Sie in Grasse blieben», sagt Jean Maubert zu mir, «würde ich Ihnen die großen bunten Teppiche aus frischgepflückten Nelken zeigen, die nach Gewürznelken riechen.»

Als ich ihn frage, von welcher Phase der Behandlung an, durch welche gewaltsame Tücke der Jasminblütenduft im Jasminextrakt wieder auftaucht, schiebt er mir ein Stück jenes Gelees, jener öligen und braunen Schokolade in die Hand, die «Konkretion» heißt und der ich zu verdanken habe – obwohl ich sie kaum berührt habe –, daß kurz darauf die weichgekochten Eier, der Barsch à la crème, der Auberginenauflauf und der Karamelpudding nach Jasmin schmecken. Der für diesen Exzeß von Wohlgerüchen Verantwortliche entschuldigt sich nicht etwa dafür, ganz im Gegenteil: er füllt meine Tasse mit kochendheißem, leicht von Jasmin berauschtem Kaffee: «Konnte ich Ihnen besser verständlich machen, daß die Jasminkonkretion nicht unterzukriegen ist?»

Gegen sechs Uhr nachmittags beginnt der Duft des Jasmin wie ein gespanntes Seil die Straße zu versperren. Bis in die tiefe Nacht, bis zum frühen Morgen wird die Blume, wiewohl unsichtbar, ihre Anwesenheit verstärken. In mondlosen, wie blaue Asche gefärbten Nächten können wir ihre kleinen Blütenstände allerdings ausmachen, die zwischen dem schwarzen Blätterwerk weiß aufleuchten. Zwischen der Morgendämmerung und dem Aufgang der Sonne ist es Zeit, mit flinken Händen zu ernten, mit Händen, die nur die Blütenkrone pflücken, ohne die winzigen Kelchblättchen zu lösen. Die Jasminpflanzen sind zu Horden aufgebunden, um die Ernte zu erleichtern, um den Kontakt der Blüten mit der leichten Erde zu verhindern, die Seite an Seite die Nachthyazinthe und die süße Zwiebel nährt, um sie vor dem Gewicht einer Ameise, eines Sandkorns oder eines Blattlauskäfers zu bewahren.
An den Abenden, an denen sich ein Dunst in die Luft einschleicht, der uns das Augustende ankündigt, bringt mich meine Verfassung als Gehbehinderte in den Genuß einer Spazierfahrt im Auto. Die Gegend von Grasse, in der es sommers nicht regnet, birgt wahre Schätze an Quellwassern. Natürliche Quellen sind im Überfluß vorhanden, das kleinste Gehöft hat seinen kleinen Wasserfall. Auf den Plätzchen tränkt der bauchige Brunnenstock rastlos die Dörfer mit seinen drei fast eiskalten Strahlen, in denen manchmal kleine Bläschen aufblitzen. Ich kann nicht umhin, mir einen Becher auszuleihen, an dem geschnäbelten Krug zu saugen oder aus dem Springbrunnen zu trinken, wie

einst, wenn ich durch Aix-en-Provence kam. Eine Quelle ist immer ein Wunder.
Auf einem zum Verkauf stehenden Gutsgelände, das seine befahrbaren Wege einigen Besuchern öffnet, hört man nichts als das Murmeln der Quellen, das Rauschen dunkler und klarer Wasser. Aus einer Felsspalte springt ein starker Wasserarm hervor, der seine Kristallmuskeln schüttelt. Auf der herrenlosen Terrasse, rund um eine auf einem einzigen Fuß stehende Schale, haben die Zeit, das Wasser, die Vögel und herumfliegender Samen einen dicken pflanzlichen Schwamm gebildet, dessen einzelne Hälmchen Wasserperlen weinen wie am alten Springbrunnen von Salon.
Die Wasser von Grasse, ob unterirdisch oder hervorquellend, dünsten nachts einen unmerklichen Nebel in die klare, unbewegte Luft aus, der den Duft der Jasminblüten umhüllt und erstarren läßt. Bevor die Morgendämmerung aufzieht, regt sich nichts. Als die letzten Sterne verglühen, als der rotbraune Streifen den Rand des Himmels hochschiebt, stehen wir, die wir die Gesetze des Schlafs mißachten, gerade noch zu dritt oberhalb der terrassierten Felder: mein bester Freund, eine gestreifte Katze und ich. Vor zehn Uhr wird kein Hauch die Blätter des verkrüppelten, zerklüfteten Maulbeerbaums, der jungen Platanen kräuseln. Genauso war es in Saint-Tropez, als wir unter der dichtbelaubten Glyzinie darauf warteten, daß der Westwind und die Sonne mit vereinten Kräften das Meer, die Zikaden, die blauen Winde und die vierfarbige Purpurschnecke weckten. Zu jener Zeit war ich fünfzig und plätscherte unerschrocken mit den Füßen in dem ruhenden Wasser, um die scheuen Reptilien aufzuscheuchen; in dem kleinen, salzigen Sumpf pflückte ich altrosa Grasnelken und vergällte mir diese unvergleichliche Stunde, indem ich daran dachte, daß ich nach dem ersten Bad im Meer in der Abgeschiedenheit meines Hauses an meinem Buch «Tagesanbruch» weiterarbeiten mußte. Das Haus habe ich nicht mehr, schon lange bin ich keine fünfzig mehr. Geblieben ist mir die Gier. Das ist die einzige Kraft, die von der Zeit nicht abgenutzt wird.

Man zeigt mir nicht nur Schönes. Meine zuvorkommenden Freunde, denen Sinn für Humor nicht fremd ist, fahren mich gut fünfzehn Kilometer die ganze Croisette entlang. Sie haben gerade den Zeitpunkt abgepaßt, als unter zahllosen Badenden ein Nackter und eine Nackte sich in eine kleine, ihnen günstig erscheinende Welle begeben, als ein Gast unter zahllosen Gästen Anspruch auf seinen Sektor des runden Tischchens und seinen ganz persönlichen Fruchtsaft erhebt, als der nackte Rücken in herausforderndem Ton zu dem neben ihm stehenden Rücken sagt: «Ich bin aber am braunsten!» Das Schauspiel befremdet mich so sehr, daß ich wie beim Pferdekarussel «noch eine Runde!» verlange.
Auf dem Meer zieht ein Boot seinen Wasserskifahrer hinter sich her: ein silbernes Insekt am Ende eines Fadens. In der Ferne zusammengekoppelt, durch die Entfernung veredelt, erweckt ihre Paarung hier als einzige die Vorstellung von Liebe. Alles übrige . . . Ich glaube, ich habe niemals eine weniger verliebte, noch eine nacktere Menge gesehen als in Cannes 1948. Dichtgedrängt haben sie soviel sinnliche Ausstrahlung wie ein volles Heringsfaß. Dabei ist das Wetter so schön, während es sonst überall regnet! «Noch eine Runde?» Sie wird mir gewährt, und langsam rolle ich zwischen dem Meer und den Modegeschäften, dem Meer und den Juwelieren, dem Meer und den Hotels und den Autos und den Blumenständen und den Sonnenbadenden und den nußbraunen Frauen. Ein gelbes Hotel setzt sich über alle vernünftigen Proportionen hinweg und spottet jeglicher architektonischer Harmonie. Ein Orchester versucht, seinem kümmerlichen Stimmchen im Freien Gehör zu verschaffen. Als Badekostüm registriere ich bei den Frauen Shorts, plissiert oder nicht, aus ärmlichen, geblümten Stoffen, und Oberteile, die in eine hohle Hand passen. Das wird auf der Promenade und als Nachmittagskleidung getragen. Der Saum oben am Schenkel ist vom Sonnenöl ein bißchen fettig, ein bißchen schmuddelig. Die Männer in kurzen und enganliegenden Badehosen kommen besser weg. Ob Frauen, ob Männer, es sind einfach zu viele. «Wollen Sie noch eine Runde drehen?» «Nein danke.» Eigentlich weiß ich nicht genau, ob mich all dieses verschiedene zur Schau gestellte Fleisch zur Vegetarierin macht oder ob ich nicht

schrecklich neidisch bin auf alle, die hier das Salzwasser, die Bewegung, die Nacktheit genießen können. Gerne kehre ich in meine Täler bei Grasse zurück. Doch gleichzeitig verlasse ich das Meer; es bleibt jenseits der Hügel, warten Sie, dort, hinter jenen beiden kleinen Brüsten der sanft atmenden Landschaft. Es ist nicht weit; es scheint, als ob wir es auf den Zehenspitzen stehend . . . Finden wir uns damit ab, von hier aus sieht man das Meer nicht. Mit einem Scherz werde ich getröstet: «Och, was ist an dem Meer schon groß dran, an diesem Meer da!» Trotzdem ist es imstande, wenn es will, die Küste zu verwüsten.
In Hyères, wenn auch aus einiger Entfernung, sehen wir sein hartes Ultramarin, seine Salzbecken. Von hier aus bringt man mich morgens manchmal nach La Garoupe und läßt mich auf einem bespritzten Quai zurück. Das Meer schäumt an der Balustrade hinauf, über umhertollende nackte Kinder hinweg. Unter meinen unbrauchbaren Füßen ist der Sand bald kühl, bald lauwarm. Als ich vorgestern abend in Antibes halbausgestreckt unter einer Schutzmauer entlang spazierenfuhr, sah man das Meer besonders gut, denn es war Nacht, und der Mond schien, und mein Spaziergang endete im Lokal eines findigen Wirtes, der seine Tische mitten unter der Arkade aufgestellt hat, die die Mauer überspannt, und sie seinen Sommergästen anbietet. Etwas weiter liegt der Quai, der Hafen, noch weiter leuchten gleichzeitig, auf die Minute genau der Mond, die Bootslampen und der erhobene Kamm einer kurzlebigen Welle auf. An jenem Abend, vorgestern, spürten wir, daß es an nichts mangeln würde, daß nichts danebengehen würde. Braun, die Schürze fest geschnürt, weiß vom Kragen bis zu den Espadrilles, mit lockerer Zunge und leisen Sohlen, schmunzelte der Wirt schon im voraus über seine schöne, gastronomisch einträgliche Julinacht. Zwischen unserer Tischreihe im Vordergrund und der Plane, die die Rückwand des Lokals bildete, hielten – beziehungsweise hielten nicht – diese verwirrenden Automobile, die schnell und geräuschlos auf allen Wegen kreuzen, die, gerade wegen ihrer lautlosen Zurückhaltung, die schlimmste Gefahr bilden, wenn sie, glänzend, wie mit der Zunge abgeleckt, aus einem Ölbad aufzutauchen scheinen, um sogleich in das nächste zu tauchen.
Der weißgekleidete Wirt sieht ihnen gelassen entgegen. Er ist in

der Lage, jedem Kleid, jedem Collier, jedem der sonnenverbrannten Gesichter, die vor seinem Lokal aussteigen, einen amerikanischen, venezolanischen, skandinavischen, schweizerischen Namen zu geben. Selbstsicher und seiner unsichtbaren Helfer sicher, die unten in seinem Reich eifrig kochen und palavern, verschwindet er, taucht plötzlich mit vollbeladenen Armen wieder auf und stellt vor verzückten Kolumbianern oder Chilenen die lange, tiefe Schüssel mit dem üppigen Weißfisch, der festen Seekröte und vor allem der in Stücke zerlegten rosigen Languste ab: ein entblätterter Fronleichnamskorb.

Zahlreich sind sie an der Riviera nicht, die Gasthäuser, die gezwungen sind, ihre Saison in zweieinhalb Monaten zu erarbeiten – so wie das Chronometer von Marseille, das seine Stunde in fünfundvierzig Minuten herunterreißt –, die gleichzeitig ihren Ruf und ihren Gewinn retten müssen. Der anspruchsvolle Tourist, es gibt ihn noch, derjenige, der in der Provence «L'estrangier» genannt wird, kann sie an den Fingern einer Hand abzählen. Er eilt hinein und kommt heftig gerupft wieder heraus. Aber er geht wieder hin. Obwohl durch den gleichzeitigen Genuß von Alkohol beeinträchtigt, ist er für das Geheimnis der französischen Küche noch empfänglich. Neulich abends habe ich ihn am Werk gesehen, an einer dieser südländischen Stätten, wo alles schön ist: die bewässerte Grünfläche, die gepflegten Bäume, die Kellnerinnen mit den runden Armen, die, Gott sei Dank, keine Zeit zum Abnehmen haben, die Pfefferminz- und Basilikumposten, zu denen sich nach Zitrone duftendes Eisenkraut gesellt. Und um die Scharlachgeranie schwebt ein Duft, der an Marokko erinnert.

Um halb zehn war unsere fünfköpfige Tischgesellschaft von kleinen Melonen mit rotem Fleisch, Fischen mit weißem Fleisch, überbackenen Kürbissen und Pfirsichen angenehm gesättigt; vor unseren noch von jungem Wein – der immer schwerer aufzutreiben ist – funkelnden Gläsern sitzend, beobachteten wir das Einfallen jener, die sich nach zehn Uhr zu Tisch setzen und trinken, bevor sie essen.

Das emsige Gasthaus mußte sie wohl oder übel bewirten. Jeder bekam eines jener dicken, geschliffenen, prächtig verzierten Gläser in die Hand gedrückt, in die sich ein vielfarbiger Sturzbach von Pastis, Cocktails und Champagner ergoß. Kubische Bonbons aus Eis klirrten und betäubten einen Augenblick lang das Feuer der Getränke.

Unentschlossen, ob sie sich setzen sollten, standen einige umschlungene Paare herum und begannen unschlüssig auf der Stelle zu tanzen. Kreischende Frauen brannten darauf, umarmt zu werden. Besonders umschwärmt war ein amerikanischer Filmstar, ein fülliger Mann unbestimmbaren Alters, in weinseliger Stimmung.

An anderer Stelle bin ich in einem anderen Gasthaus eingekehrt, das wie eine lange, von Blumen und Lichtern eingefaßte Insel am Rand einer Straße hinter seiner Kette von Automobilen leuchtet. Auf seiner Schwelle thront diejenige, die für das Gedeihen des Hauses bürgt, die es organisiert und ihm seine Daseinsberechtigung gibt: die Wirtin. Sie wiegt ihr Gewicht und verbirgt es nicht, denn sie weiß wohl, daß man in ihrem schönen Beruf ohne Körperfülle keinen Respekt gewinnt. Ihr gerecht verteiltes Lächeln macht niemanden eifersüchtig, aber es schließt Ironie nicht aus. Sie spricht knapp und ein bißchen von oben herab: «Fisch? Fleisch? Beides?» schlägt sie vor. «Was für Fleisch haben Sie denn?» fragt ein Unverschämter, der sich als Kenner aufspielen will. Sie taxiert ihn, gönnt ihm nur ein Wort: «Alles», sagt sie. Enttäuscht versucht der Flegel es andersherum: «Lieber Fisch . . . Was haben Sie denn an Fisch?» «Alles», wiederholt die Dame. Wie nachsichtig sie ist und wie sehr diesem Mann überlegen, der bei der Wahl seines Menüs etwas «Besonderes» sucht! Er wählt eine Forelle blau und ein Kalbsbries aus. Die Dame zeigt sich auf ihre Weise barmherzig und läßt etwas frische Sahne an die Sauce des Kalbsbries gießen. Trotzdem schielt der kleinkarierte Esser nach rechts auf meine samtige und feurige Fischsuppe und nach links auf eine zweimal gefaltete, von geschmolzenem Käse dickbäuchige Crêpe.

Jedes Ding zu seiner Zeit, jedes Werk an seinem Ort. Hier, von traditionell sachkundiger Hand im Überfluß ausgeteilt, aus dem Meer gezogen, ganz frisch aus dem Gemüsegarten, noch lebend aus dem Hühnerhof geholt, direkt im Kiefernwald gewildert, entlocken uns die Früchte, Fische und das Wildbret der Provence keine der mißbilligenden Regungen, die in Paris die Schaufenster mit bestimmten Nahrungsmitteln und deren Preise auslösen. Mein Gott, wie schnell wir uns doch zu dieser barbarischen Lust hinreißen lassen, die uns dazu treibt, in den Wäldern Tahitis das schwarze Schwein zu jagen und jenes Phantasiegericht zu kosten, das in meiner Heimat den Gipfel des Luxus symbolisiert und verspottet, nämlich «ferseus de caquesiau», das ist Platt und heißt Mückenleber. Entweder das eine oder das andere, aber richtig: entweder das mit stacheligen Armen bewehrte und mit Korallen verzierte Schalentier, oder aber wir futtern am Straßenrand einen Imbiß mit viel Knoblauch und Öl. Verpflanzen wir uns doch, lenken wir unter Steuer in alle Windrichtungen Frankreichs, und wir erkennen uns nicht mehr wieder, so leicht verfallen wir der Völlerei. Zeigt euch, macht euch breit, kann man unter dem Feigenbaum, unter dem Blau des Plumbago, zwischen Pepperoni, Seeigel und Salade Niçoise zu den Barschen für tausend Francs das Stück, zum gewilderten Wildbret auf geröstetem Brot sagen, zeigt euch offenkundig und vor aller Augen! Wir schämen uns für nichts, was eßbar ist. Nichts ist zu schön, zu gut, um die prachtvolle Natur, die um uns ist, zu verherrlichen, denn es bleibt uns nur übrig, darauf zu verzichten, wenn wir uns gezwungenermaßen dem langen Ernährungsmißstand wieder anpassen müssen, den wir in drei von vier Jahreszeiten schon so lange hinnehmen müssen.

Immer muß man wegfahren. Das, was geliebt wird und diese Liebe verdient, muß man ebenso verlassen wie das, was uns rührt und zum Lachen bringt. Wie zum Beispiel der Basset Hund, dessen Appetit nur unter dem Blitzen und Donnern eines von ihm selbst simulierten Wutanfalls erwacht. Man darf nicht mehr auf bestimmte Schritte, auf einen morgendlichen Besuch warten, sich nicht mehr die Heldentaten der kleinen Artistin anhören, die im Alter von acht Jahren auf der Leinwand wie auf der Bühne ihre Erfahrung und ihre Verdienste als alter Hase zeigt.

In meiner Gegenwart entbrennt eine fürsorgliche Diskussion über die Unbequemlichkeiten meiner Rückreise nach Paris. «Nein, nicht mit dem Zug. Alles ist besser für sie als der Zug. Die

Hitze . . . Und diese lange Krise, in der sie steckt. Im Auto, daran ist nicht zu denken.» «Warum?» «Zu lang. Nicht bequem genug.» «Gut, dann mit dem Flugzeug.» «Ach, ich mag es nicht, wenn sie fliegt.» «Und sie? Was möchte sie am liebsten?» «Sie hat noch nichts dazu gesagt.»
Sie sagt nichts. Sie hat nicht zugehört, sie liest. Sie unterdrückt ihr Lachen. Mein bester Freund sieht mich an – was sage ich dazu? –, er mustert mich. Wo soll man diesen Gegenstand am besten verstauen, der sich mal in alles schickt und mal unwillig reagiert? In welchen Korb soll man diese große Katze für tausend Kilometer stecken? Aber die Katze hat schon unabhängig von ihm darüber entschieden, der Gegenstand hat sich den Spaß erlaubt, die Debatte abzubrechen und das Flugzeug zu wählen. Es ist angenehm, mitunter die Rolle des Vorsitzenden der Geschworenen zu übernehmen, dessen Stimme in der Urne doppelt zählt.
Im Rollstuhl über das Rollfeld, dann der angenehme Schwitzkasten vor dem Abflug. Ein Körbchen mit Zeitungen, Wattebäusche zum Verstopfen der Ohren, das Proviantpaket und das Fläschchen Wein, das alles brauchte ich in der Air-France-Maschine, denn ich langweile mich beim Fliegen. Da oben behagt mir nichts, außer der Geschwindigkeit. «Sieh mal, wir fliegen noch über ein Stück Meer . . . Sieh mal, dieses Straßenband, ist das nicht genau die Strecke, die wir letzte Woche gefahren sind?» Die Straße kann mir gestohlen bleiben, genauso wie die Wolke, die wir plötzlich wie einen Kokon durchstoßen.
Ich gebe zu, daß ich für das Fliegen nicht geeignet bin. Schon auf dem Flug Toulouse-Fes-Toulouse habe ich die Erfahrung gemacht, daß es nicht meine Sache ist, die Welt von oben herab zu betrachten. Meine Dichtung steht mit beiden Füßen auf der Erde. «Sieh doch, weißt du, daß wir gerade über dein Heimatland hinwegfliegen?» Mein Freund, glaubst du etwa, ich könnte in diesem nebelhaft unter uns vorbeirauschenden Gespinst von Straßen mein Heimatland erkennen, in diesem Flickenteppich von Feldern, die ein blitzender Wasserlauf zerschneidet, von dem du sagst, es sei die Yonne? Das kannst du nicht erwarten. Doch eines ist sicher. Wenn die arglistigen Sehnsüchte, die immer in den unbelehrbaren Herzen der Siebzigjährigen

schlummern, in mir wach werden, wenn ich mein Gebrechen und die damit verbundene Sucht nach Neuem berücksichtige, will ich nur noch im Flugzeug reisen, denn es spart Zeit. Während es mich trägt, vergesse ich es; seine magische Funktion besteht darin, Entfernungen auszuschalten. So berühren wir nur den Ausgangspunkt und das ferne Ziel, das uns heimlich vorangeeilt ist. Meine Dichtung ist bodenständig. Aber du, Flugzeug, hast sie in deiner Gewalt, denn du allein kannst zur Erde hinabsteigen. Deine Landung ist es, die mich in Entzücken versetzt, nicht dein Aufsteigen in die Wolkenwüste. Vier Stunden, nur vier Stunden brauchst du, um ein verkleinertes Frankreich unter deine Flügel zu nehmen, um seine Städte auszulöschen, seine Berge dem Erdboden gleichzumachen. Ich erreiche das größte aller Wunder: mein rot und weißes Zimmer, mein Bett, über dem mein blaues Leuchtfeuer wie ein Theatermond segelt: all das ist vier Stunden von Nizza entfernt, und ich habe es nicht gewußt.

Marguerite Moreno

Unsere erste Begegnung – 1894 oder 95? – fand während eines Mittagessens bei Catulle Mendès statt. In einem sonnendurchfluteten Zimmer umfloß das Mittagslicht die große Silhouette einer schlanken, etwas nach vorn geneigten jungen Frau, die von der Last, die sie trug, einem sehr schönen und schweren Kind von achtzehn Monaten oder zwei Jahren, vornübergebeugt wurde. Blond wie der Sommer, richtete der kleine Junge seine von der Mutter geerbten dunklen, ernsten Augen auf mich.

Dieses wunderbare Kind, das seiner so zerbrechlichen Mutter bei seiner Geburt beinah das Leben gekostet hätte, dieses strahlende Kind, starb, noch bevor es drei Jahre alt war an einer Meningitis, nachdem es mit einer schon männlichen Kraft gegen den Tod gekämpft hatte. Nur wenige von uns erinnern sich an sein kurzes Dasein. Und ich glaube, daß Moreno – dieser schöne, strenge Name, den Marguerite Monceau gewählt hat – nur mit solchen Zeitgenossen über ihn gesprochen hat, die, wie ich, ihren zu früh verstorbenen, zu viel versprechenden Sohn erblickt haben.

Bei Catulle Mendès beachtete ich weder den Kaffee gebührend, den er eigenhändig am Tisch zubereitete, noch das antisemitische Couplet, das Mendès immer einen Lacherfolg eintrug. Ich hatte nur Augen und Ohren für die große junge Frau. Ihr Geist, ihre leichtzüngige und brillante Sprache, eine Stimme, deren Klang das Ohr dankbar aufnahm, die makellose Blässe ihres Teints, das volle, kastanienbraune Haar, das golden aufleuchtete . . . Ich sehe auch ihren lebhaften, geraden Blick vor mir, der die Koketterie verachtete. Alles an ihr demütigte, entzückte die in die Fremde verschlagene Provinzlerin, die ich noch war. Seit diesem ersten Mittagessen bewunderte, liebte ich Marguerite Moreno. Das Erstaunliche war, daß sie meine Zuneigung erwiderte. Gerade volljährig geworden, waren wir beide noch jung genug, um unserer Freundschaft die schwärmerische Begeisterung von Pensionatsfreundinnen zu geben. In der Zeit, als Mendès im ‹Journal› die Theaterchronik schrieb, nahm er uns beide oft mit in seine Kritikerloge. Zwischen Mendès zerknitterter Hemdenbrust und Morenos schönem, melancholischem Hals machte ich mich ganz klein. Eines Abends lud er uns in die Music-hall ein . . .

«Du wirst eine seltsame kleine Person sehen», sagte mir Marguerite, «die ein Direktor eigentlich aus ihrem selbstvergessenen, einfältigen Gesang herausreißen müßte. Sogar ihr Künstlername ist lächerlich. Aber sie ist von einer so graziösen Häßlichkeit und scheint ihre Tänze zu erfinden.»

Auf der Bühne der Scala wirbelte Polaire im Kreis herum wie eine in einem Strahl gefangene Fliege. Ihre kastanienbraunen – und keineswegs schwarzen – Haare hatte sie noch nicht abgeschnitten. Ihr Kostüm, das vollendete Kleid einer «Modepuppe», bewies den Geschmack und Ideenreichtum von Madame Landolff, jener unerreichten Kostümbildnerin. Ein weiter, kurzer, ziemlich farbloser Rock verbarg in Ruhestellung seine in den Farben des Regenbogens konzentrisch bestickte Innenseite. Bei der geringsten Heftigkeit der kleinen Tänzerin, die das Ritornell mit starr ausgestreckten Armen und geschlossenen Augen wie eine Schlafwandlerin tanzte, entfalteten sich um sie herum, um ihre Beine in schwarzer Spitze die sieben leuchtenden Farben. Ihre zu einer Clownsfrisur nach oben gekämmten und zusammengedrehten Haare entblößten reizende Öhrchen, die später von den kurzgeschnittenen Haaren verdeckt wurden.

Madame Landolff machte es Spaß, Kostüme für sie zu entwerfen, von denen keines für eine Nummer in der Music-hall geeignet zu sein schien. Ich erinnere mich an ein Kleid aus weißer Spitze, aus wie Papier knisternder Seide in dunklem, changierenden Grün, das mit Hunderten von Fältchen unterlegt war, die sich beim Tanzen grellrosa aufblätterten. Und an ein glanzloses, tonfarbenes Kleid, farblich genauestens der Haut angepaßt, die bis auf einige violette Federn nackt wirkte.

«Stimmt es nicht?» sagte Moreno. «Sie ähnelt niemandem. Womöglich ist sie nur eine Erscheinung.»

Denn auch Moreno ahnte damals nicht, wie unwiderstehlich die tanzende und singende, von Regenbögen umgebene Polaire zum Theater gezogen werden würde.

Meine Erinnerungen an Marguerite Moreno, ich meine die frühesten, geraten in Vergessenheit und tauchen wieder auf, unser beider Leben zerstreut sie, sammelt sie wieder ein. Sie war viel auf Reisen, ich reiste kaum. Wir verheirateten uns, entheirateten uns, verheirateten uns wieder. Sie schwebte in den reinen Regionen der Poesie, versuchte sich in Argentinien als Hochschullehrerin. Ich spielte im Apollo und anderswo Pantomime. Nach Zeiten des Schweigens, in denen ich auf das Schlimmste gefaßt sein mußte, genügte ein Briefwechsel zwischen uns, um auf der Stelle unser ungetrübtes Verhältnis wiederherzustellen. Als sie aus Argentinien zurückgekommen war, trat sie in einem dieser jämmerlichen Stücke von Bataille auf, das allein die Schauspielkunst von Bady, Yvonne de Bray und Huguenet rettete.

Im Vaudeville-Theater trat sie in *Le Phalène* auf.

Abends schleppte ich mich mit den schweren Gliedern einer schwangeren Frau bis in Morenos Loge, wo sie mir in kleinen Episoden die Farben und Geschmackseindrücke, die Abenteuer und Enttäuschungen ihrer Reise nach Argentinien schilderte: «Ja, altes Haus, gleich am ersten Abend kreiste er mit dem Getöse eines Dreschflegels in meinem Zimmer, dieser Schmetterling, der so groß war wie ein Geier und Feuer spie. Kannst du meine Schreie bis hierher hören?» Sie kannte meine Vorliebe für ausdrucksstarke Beschreibungen, mein Ergötzen an Übertreibungen, und wir redeten uns wie Volksschüler mit «altes Haus» an.

Heute erscheint es mir eigenartig, daß Moreno gerade in der Zeit, als sie durch das argentinische Klima fülliger, weiblicher geworden war, rundere Wangen und Brüste bekommen hatte, ihren reizenden, romantischen Vornamen verlor. Das Publikum nannte sie «Moreno». Ihre Freunde, ihre Verehrer – die sie immer hatte – nannten sie «Moreno», bei diesem dunklen Namen, der so gut zu ihrer makellosen Blässe, zu ihrem feurigen, kühnen Blick paßte. Als sie eine Berühmtheit wurde, als das unbegrenzt große Kinopublikum sich von ihrer bissigen und wohldosiert komischen Begabung mitreißen ließ, gaben ihr die Massen in ihrer feinfühligen Dankbarkeit ihren hübschen Vornamen wieder. Überall in der Öffentlichkeit warf man ihn ihr ins Gesicht: «Marguerite, da ist Marguerite.» Mehr eingeschüchtert, als sie es zeigen wollte, schlug sie mit den Lidern, wenn diese Blume sie traf.

Nach Marcel Schwob, der sie grenzenlos liebte, war sie ein paar Jahre mit dem Schauspieler Jean Daragon verheiratet, dem ein falscher Bart die männliche Eleganz des *Maître des Forges* oder die kratzbürstige Poesie des *Chemineau* verlieh. Sein schlechter Gesundheitszustand bewahrte Daragon vor dem großen Krieg, und nie war eine weibliche Beschützerin zartfühlender als Moreno, die einen kränkelnden, dabei aber robust aussehenden Mann pflegte. Sie machte sich so geschickt über ihn lustig, daß er aus ihrem Spott weder Sorge noch Mitleid heraushörte. Aber sie konnte seinen Tod nicht verhindern, nicht einmal indem sie ihn nach Nizza mitnahm, wo sie Kriegsverletzte pflegte. Hätte ich doch nur alle Briefe aufgehoben, die sie mir aus dem Lazarett schrieb.

«Ich widme mich weiter meiner Aufgabe bei meinen Beinamputierten, die lustig sind, und bei meinen Armamputierten, die traurig sind. Meine Beinlosen zeichnen und schreiben schon nach kurzer Zeit, sie fabrizieren kleine Spielsachen, krebsen auf dem Boden herum und machen tausend Witze. Meine Armlosen dagegen werden düster: es ist eine große, womöglich die schlimmste Erniedrigung für einen Mann, nicht mehr alleine Pipi machen zu können.»

Lange Monate des langen Krieges blieben wir Paris treu und waren Nachbarinnen. Sie wohnte in einer modernen Parterrewohnung in der Rue Jean-le-Bologne und ich in der Rue Cortambert in einem Schweizer Chalet. Annie de Pène bewohnte ganz am Ende der provinziellen Impasse Herrent ein ländliches Haus mit einer kleinen Freitreppe. Musidora war kürzlich in einem Ausläufer der Rue Decamps in eines dieser Junggesellenappartements mit einem Zimmer, heißem Wasser, Zentralheizung und vollständig eingerichtetem Bad eingezogen, neben dem sich unsere Bruchbuden im alten Passy schämen mußten. Wenn der Himmel sich nachts mit Zeppelinen bevölkerte, schlief

Musidora in der Rue Cortambert auf einem kleinen Eisenbett, machte tagsüber Einkäufe und kochte. Ich kehrte und wusch. Was für eine gute Frauentruppe! Um die Bettücher zu trocknen, die mit der Hand eingeseift wurden, schlangen wir sie um einen dicken Kupferhahn und wrangen sie aus. Und Marguerite Moreno, die Zigarette zwischen den Lippen, verschönte unsere Hausfrauenarbeit mit dem wohltuenden Tau wahrer und falscher Neuigkeiten, mit Anekdoten und Voraussagen. Annie de Pène kannte einen Toreingang, unter dem ein Mann vom Land Hühner verkaufte, die er einem im Flug zuwarf: «Und hopp, kleine Dame! Reichen Sie die vier Francs, fünf Sous herüber!»
Das schwierigste war, uns abends zu trennen. Aus dieser dunklen Zeit rührt die leidenschaftliche Verehrung her, die Annie de Pène, ihre Tochter Germaine Beaumont und Musidora der Moreno entgegenbrachten. Sie tröstete uns mit schönen Reden, gewundenen Versen und magisch beschworenen fernen Ländern. In Morenos Schatten stand massig und kurzatmig Jean Daragon. Mein kleiner Garten blühte wie gewohnt und verströmte nach dem Gießen seinen Gartenduft. Mein kleines Töchterchen gedieh im verschonten Limousin. Die schönsten Pfirsiche von Paris kosteten fünf Sous.
In unserem Phalansterium im sechzehnten Arrondissement fiel Morenos wunderbare Saat des Lachens nicht auf unfruchtbaren Boden, des Lachens über Dramen, des nervösen Lachkollers des Krieges, der Frechheit, die sich über die nahe Gefahr hinwegsetzt, der Wortspiele, die berauschen wie ein Schluck Alkohol. In windstillen Nächten drang deutlich das Stottern der Kanonen aus dem Osten zu uns. Bei dieser tiefgehenden inneren Erschütterung, die sich durch Meilen geschüttelter Luft bis in unser ausgestorbenes, wachsames Viertel fortsetzte, konnte einem der Sinn für Gespräche schon vergehen. Offensichtlich um verbalen Frohsinn verlegen, übernahm Moreno eines Nachts den Rhythmus der Kanonade, seine langen, seine kurzen Takte, klapperte mit den Fingern, mit den Absätzen, improvisierte auf der Stelle einen parodistischen spanischen Tanz und brachte uns mit einem Hüftschwung und einem Rollen der Augen wieder zum Lachen, ließ uns die Gefahr vergessen und stellte die Unverschämtheit und Kühnheit von Heldinnen wieder her. Pierre Fresnay hat

sicher nicht vergessen, daß wir – Marguerite, er und ich – in Marseille einen Abend nach dem Krieg damit beendeten, um Mitternacht *Chéri* zu spielen. Moreno improvisierte brillant, atmete die anisgeschwängerte Luft der Canebière ein und lehrte Fresnay das lustvolle Zigeunerleben. Am Ende war er ganz gerädert vor Lachen, ganz verzaubert von ihren großen Augen und ihrer improvisierenden Phantasie. Ich erinnere mich an die zuckende Glut ihrer Zigarette vor mir, die fast nie ausging – «Marguerite, du rauchst zuviel!» –, an ihren ehrlichen Appetit, der es auf die Gänseleberpastete und die Blutwurst der Kneipen abgesehen hatte – «Marguerite, das bekommt dir nicht!» Ein halbes Jahrhundert lang empfing ich ihre Gaben, zu denen auch der plötzliche Ernst, die Musikalität des Alexandriners und der unwiderstehliche Zauber gehörten. Ich empfing sie mit Unterbrechungen. Man kann nicht immer das Glück haben, die Lea in *Chéri* zu spielen, wenn Madame Moreno sich bereitfindet, die Rolle der Charlotte Peloux zu übernehmen. In Brüssel und anderswo gab sie mir Nachhilfestunden im echten Zigeunerleben. Von oben herab sah sie mich an, als ich einen Schreibtisch aufräumte, drei Blumen in eine Vase steckte, eine dicke, frische, geschmacklose Weintraube auf einen Teller legte. In ihrem Zimmer hatte sie schon einen Koffer aufgemacht, den Schottenmantel aufgehängt, die Zeitung und das Päckchen Zigaretten auf den Tisch geworfen. Als ich bei ihr eintrat, sagte ich: «Es riecht schon nach Marguerite Moreno!» Denn eine persönliche Duftnote, für die mein ausgezeichnetes Riechorgan immer sehr empfindlich war, begleitete Marguerite. Ein Duft, der nichts mit der Achsel, nichts mit menschlichem Schweiß zu tun hatte – «Ich bin trockener als ein Holzreiser», sagte sie –, ein Duft, der sich nicht mit Essenzen und Lotions behalf.
Die Stelle, auf die ich ihr den Willkommenskuß gab, am Hals, unter dem Ohr, verströmte außer dem Geruch nach Tabakrauch ein unveränderliches, fesselndes Hautparfum. Den zahlreichen Männern, die heftige Liebe für Marguerite empfanden, kann dieser Duft nicht entgangen sein, sie können diesen Duft nie vergessen haben, den eine edle, weiche Haut ausdünstete, eine weiße Haut, unter deren Blässe ein alabasterner Glanz aufleuchtete!

Ein Hotelzimmer, und zwar nicht das beste, ein oder zwei Koffer, ein Manuskript, ein, zwei Gedichtbände. Ein Mantel, ‹der› schottische Wendemantel, den sie jedem, der ihn brauchte, lieh – er schützte meinen besten Freund und mich vor einem Hagelschauer, der unser offenes Auto peitschte –, aus diesem kargen Gepäck konnte sie mit einer bloßen Willensanstrengung komische Effekte ziehen. Auf der Bühne blitzte mitunter ein goldener oder silberner Schuh unter ihrem Rocksaum hervor, ein goldener oder silberner Schuh kleidete einen Fuß, der für Pelz und Seide geschaffen war, einen makellosen, für die Freiheit, die Nacktheit, die Kühle der Fliesen geborenen Fuß, einen Fuß wie der von M'Barka, der arabischen Tänzerin des Paschas von Marrakesch.
Außerhalb von Paris waren wir, Moreno und ich, manchmal unzertrennlich. Pierre Moreno spielte in *Chéri* die Rolle des Patron, des Boxlehrers. Zwischendurch vertrieb er mit Mundartliedern in angenehmer Tenorstimmlage sein Heimweh nach der Gascogne. Wir liebten Brüssel, das Gold des Grande Place, die biedere belgische Geschäftigkeit, das Bier, den Kaffee, das köstliche belgische Brot, die Butterstullen und vor jener großen Kneipe sitzend – Sie wissen schon, ‹Die Drei . . .› ich weiß nicht mehr, was – und von der vorübergehenden Menge umspült, genossen wir einen bohèmehaften Müßiggang.
Diese Art Leben machte Moreno nicht reich. Später erkannte der Film, daß Marguerite ein Vermögen wert war. Sie nahm es mit abgeklärter Heiterkeit an. Sie besaß Güter, eine «Blaue Quelle», die verschwenderisch blau ist, ein altes Schloß, einen umfangreichen Familien- und Grundbesitz, der ihr zweifellos genügt hätte. Wie hätte man annehmen können, daß das erste Halbjahr von 1948 das letzte ihres Lebens sein würde? Je nachdem, was der Film, das Theater, das Kabarett nach Mitternacht von ihr verlangten, campierte sie in einem Hotel in Batignolles, dann in der Avenue de l'Opéra. Da sie wußte, daß ich seit langem behindert war, überwand sie ihre eigene Müdigkeit, schlenderte ein Stück die Avenue de l'Opéra entlang, ging zum Spaß durch eine der kleinen Passagen des Palais-Royal, stieg die eineinhalb Etagen zu mir herauf und trat mit ihren Attributen geschmückt bei mir ein: die Zigarette, der schief über dem Auge sitzende Filzhut, der Mantel in den Farben der Dämmerung

und des Regens. Ah! Wie hoch ich es ihr anrechnete, daß sie sich selbst immer treu blieb, ständig zum Aufbruch bereit, überarbeitet, ausdauernd. Wie ich ihre ununterbrochene Fortbewegung liebte, die mich – in Wirklichkeit – nicht von ihr trennte; die Treue, mit der sie mir aus der Ferne schrieb, ihr hartnäckiges Arbeiten, das sie vor dem Alter zu bewahren schien . . . Ich heuchelte ein strenges Verhör:

«Marguerite, ich verlange ein vollständiges Geständnis! Wo kommst du her?»

«Aus Courbevoie. Ich drehe.»

«Was drehst du?»

«Etwas Unbedeutendes, natürlich. Und ich hatte eine Matinee-Vorstellung im ABC.»

«Hast du Hunger, Durst?»

«Ich habe im Taxi gegessen. Aber beruhige dich, heute abend gibt es Leberpastete und Champagner. Jedenfalls wenn ich Zeit habe. Ich spiele nämlich zweimal im ABC und habe versprochen, noch einmal nach Courbevoie zu kommen.»

«Wann?»

«In . . . in zehn Minuten. Und nachher, du weißt ja, daß ich um Mitternacht bei Tonton Gedichte rezitiere.»

«Wie viele Abende machst du noch bei Tonton?»

Sie warf mir ihre schöne Hand auf die Schulter und ihren sanft werdenden Blick mitten ins Gesicht:

«Ach, Colettchen, ich wünschte, das würde nie enden! Ich weiß jetzt, daß das Kabarett etwas Einzigartiges ist. Stell dir bloß vor, ich bin dabei, sie mit Verlaine vertraut zu machen. Baudelaire haben sie wie ein unbekanntes Getränk aufgesogen. Wenn du sie sehen würdest! Typen, die gekommen sind, um Champagner zu trinken, um sich zu amüsieren. Mit Hugo, mit Delavigne habe ich sie mit Haut und Haaren erobert, das war relativ leicht. Aber sie an Baudelaire, an Verlaine heranzuführen . . . Wenn man mich antreibt, richte ich sie womöglich noch auf Mallarmé ab! Ich sitze da, in ihrer Wärme, in ihrem Geruch, ihre Knie machen – nicht immer – meinen Knien Platz; ich strecke den Arm aus und bitte sie um Feuer, ich angele mir eine Zigarette aus dem Etui, das sie mir hinhalten. Kannst du dir vorstellen, wie das ist, sie grölen zu hören und dann zu sehen, wie sie verstummen, zu fühlen, daß sie zuhören . . . Das ist himmlisch, die Menge, die den Redenden antreibt . . .»

Mit einer Verhaltenheit, die ich so manches Mal als Sinnlichkeit empfunden habe, senkte sie stolz ihre Lider. Jetzt, wo sie nie wieder neben meiner Bettcouch stehen wird, nie wieder in der Hitze von Tontons Kabarett auftreten wird, warum sollte ich meinem Leser jetzt eine von tausend Eigenheiten vorenthalten, wenn ich mich an einem Porträt Marguerites versuche? Dieses Senken der Lider, mit dem sie einen Satz unterbrach, mit dem sie einen Teil ihres Denkens für sich behielt, war eine der seltenen, eine der kurzen Bewegungen, die dem großen, weißen und strengen Gesicht der Moreno etwas Wollüstiges gaben.

Nachdem sie ermunternd gelacht und mich zum Lachen gebracht hatte, erkundigte sie sich nach der Uhrzeit, schloß hastig ihren Mantel, ging hastig zur Tür, nicht bevor sie sich über mein Floß gebeugt hatte, damit ich unter ihrem Ohr Marguerites Duft küssen konnte. Doch vor dem Hinausgehen vergaß sie nicht, auf ein geheimes Leiden an sich selbst hinzuweisen: «Verdammtes Bein . . . und diese Hüfte . . .»

Vielleicht wollte sie so verhindern, daß ich sie in meinem halbgelähmten Zustand um ihre schönen, zartgliedrigen Füße beneidete, die noch imstande waren, die Treppe im Palais-Royal ohne Hilfe hinauf- und hinunterzusteigen.

Am liebsten sah sie mich unter vier Augen. Madame Brisson oder die eine oder andere ihrer Töchter sah sie am liebsten allein, Jeanne Roze sah sie am liebsten ohne mich, und Pierre Blanchar in Abwesenheit Dritter. Ich kann nicht alle aufzählen, die Marguerite Morenos Zuneigung im Tête-à-Tête isolierte, ich glaube, ich kannte sie gar nicht alle. Wie ich, waren sie eifersüchtig auf die Augenblicke, die sie unter uns aufteilte. Wir brauchten Marguerite Moreno zwischen unserem Fenster und unserem Kamin, den berühmt gewordenen Filzhut über das Ohr gezogen, mit ihrer abgewetzten Handtasche, ihren Zigaretten, ihrer unermüdlichen Stimme. Mir tat es leid, als sie die Frisur aufgab, die sie so lange allen ihren Rollen aufgezwungen hatte, diese korrekte, gutgeschnittene Herrenfrisur, die sich innig der Kopfform anschmiegte. An ihrem Handgelenk klingelte ein weitgliedriges Goldkettchen. Was könnte ich noch an einzelnen Schmuckstükken, die sie geringschätzte, aufzählen? Einen Ring? Wahrscheinlich. Aber die Hand verhinderte, daß man den Ring sah, diese Hand, deren Länge und Feinheit ein Maler im Musée du Luxembourg unnötig übertrieb. Wegen der sonstigen Ähnlichkeit verzeihe ich es dem Maler Granier: es zeigt das Gesicht von Marguerite Moreno zwischen ihrem zwanzigsten und fünfundzwanzigsten Lebensjahr, aber unschuldiger und ohne Hintergedanken.

Ich glaube, sie litt zutiefst und fast ohne sich darüber zu beklagen, unter dem Leben in den Studios, das für empfindsame Körper und Herzen grausam ist, indem es besonders eigenwillige und eigenständige Geschöpfe unmittelbar miteinander konfrontiert – eine Brutalität, die in den Kulissen des Theaters noch nicht übernommen worden ist. Von allen respektiert, sonderte Marguerite sich während der Pausen in der Studioarbeit so gut es ging ab, döste hinter aufgeschlagenen Zeitungen, stellte sich schlafend. Ich bin überzeugt, daß sie ihre vorbildliche Höflichkeit, die ihr jede Barschheit, jedes Zeichen von Ungeduld unmöglich machte, nicht ohne Anstrengung durchhielt. Oft habe ich versucht, sie über ihre Arbeitstage, die im Morgengrauen in irgendeinem Vorort begannen, auszufragen, über diese Proben, in deren Verlauf aus einer Rolle ein kurzer Satz wie Eiter aus einem Geschwür herausgequetscht wird, den der Toningenieur wieder und wieder abtastet, dessen Hall er prüft, den er mischt, bis er eine unverständliche, undeutliche Vollkommenheit gewinnt. Meine vorsätzliche Unwissenheit in allem, was den Film und dessen verschiedene Techniken angeht, macht aus mir nicht nur eine alte Person, sondern – wie man so sagt – eine veraltete Person.

Marguerite antwortete mir wenig oder falsch. Sie schüttelte sanft den Kopf: «Du kannst dir nicht vorstellen, was es bedeutet, das Leben eines Filmschauspielers oder einer Filmschauspielerin zu führen. Nein, das kannst du nicht. Ich habe es akzeptiert, ich darf weder Beschuldigungen noch Erklärungen vorbringen. Laß, Colettchen.»

Von ihren schnell wechselnden Wohnsitzen habe ich schon gesprochen, von ihrer Gabe, sie sich trotz ihrer ursprünglichen Banalität persönlich anzuverwandeln. Es schien, als ob sie die

Wahl ihrer Wohnungen dem bloßen Zufall überließ. Rue Jean-de-Bologne, Rue Saint-Louis-en-l'Ile, Rue Notre-Dame-des-Champs, Boulevard de Montparnasse. Aber sobald sie sie bewohnte, wurden sie würdig, von ihr bewohnt zu werden. Ich bin nicht sicher, ob sie sie mochte, ich jedenfalls hing an ihnen. Wie wohltuend waren für mich zum Beispiel die Besuche bei Moreno in einer ihrer Behausungen am Place Pereire, in einer Zeit, als ich ein großes Bedürfnis nach moralischer Unterstützung hatte, die ich nur von Marguerite annahm. Ich stieg die Treppe hinauf, ich läutete im Zwischengeschoß – ich erinnere mich an eine unansehnliche spanische Truhe, einen runden Tisch, auf dem ein Gedeck, ein derber Käse, eine Leberpastete oder eine Wurst aus dem Lot sowie Bücher und nochmals Bücher durcheinanderlagen. Die Sonne stand auf der richtigen Seite. Der Zwetschenkuchen stammte aus der benachbarten Konditorei. «Hol einen Teller, Colettchen.» «Ich habe keinen Hunger.» «Doch, du hast Hunger, hol einen Teller. Was du hast, heilt man mit Essen. Setz dich. Ich werde dir aus meinem wundersamen Leben erzählen.» Wer mag diese niedrige Behausung jetzt bewohnen, der – wenn nicht gar der Sonnenstrahl – so doch zumindest die mächtige, tatkräftige Gegenwart fehlt? Marguerite Moreno verließ sie, wie sie die anderen hinter sich ließ: ohne besonderen Schwung, ohne Bitterkeit. Ich glaube, in ihrem letzten Pariser Domizil – abgesehen von den Hotels – am Boulevard Montparnasse gefiel es ihr: neben der glänzenden ‹Rotonde›, in der Wärme der bunten Kneipen, in der Vertrautheit und zugleich Ehrerbietung, die Marguerite Moreno auf den breiten Bürgersteigen des Boulevards begleiteten, trugen und grüßten.
Früher hatte sie im grauen Zement einer Art neuen Kaserne gehaust und gegen 1900 – mit Marcel Schwob – in der holzgetäfelten, kalten Eleganz eines Hauses der Ile Saint-Louis. Sie fürchtete sich nicht vor dem gedämpften Weiß, der engen Bürgerlichkeit der Rue d'Argenteuil. Wenige Monate vor ihrem Ende pries sie mir die Biederkeit, die ländliche Versorgung in einer Familienpension in Batignolles. Sie pries sie auch Pierre Moreno gegenüber, der sich sorgte, aus Touzac herbeieilte und Marguerite in einem dieser Hotels fand, die zu den Geheimnissen von Paris gehören, denen weder der Salon mit Kugel-Fran-

sen fehlt, noch ein hinreißend trauriger Garten. Mit viel Überredung und Autorität gelang es ihm, Marguerite aus der romantischen Umgebung in eine Bleibe mit modernem Komfort zu bringen. Aber sie beklagte sich bei mir darüber, und Pierre Morenos Fürsorge konnte nicht verhindern, daß ihre anhänglichen Wirtsleute bei Marguerites Aufbruch aufrichtige Tränen vergossen. «Ich wäre gern noch ein bißchen geblieben, um ihnen einen Gefallen zu tun», vertraute sie mir an. «Sie waren so nett.» Wie lieb mir die gelegentliche Schwäche eines Geschöpfes war, das sonst die Gefahren der Einsamkeit und jene des Lebens zu zweit mit dem gleichen herrischen Blick abzuschätzen schien.

Ich hatte die Freude, Moreno in der *Irren von Chaillot* zu applaudieren. Ein schlimmer Arthritisanfall ließ mich bis zum letzten Augenblick befürchten, zu Hause bleiben zu müssen. Aber der Wille der Freunde überzeugte mich, unterstützte mich. Jouvet gab mir seine Proszeniumsloge, mein bester Freund seinen Arm, unverhofft und von der Vorsehung gesandt, hielt mir eine Unbekannte ihre Schulter hin, gerade als im Logengang meine Beine unter mir nachgaben. Dieser Abend war für mich von großer Bedeutung. Paris zeigte sich beinahe noch interessierter, noch geschäftiger als ich. Doch ich fand im Athénée genau das, was ich mir davon versprochen hatte: die Virtuosität, die Üppigkeit von Giraudoux und meine laue Reaktion. Der Text ließ mich kalt: ich hatte Muße, mich den Bühnenbildern des Malers Bérard zu widmen, mich meiner unwiderstehlichen Vorliebe für Jouvet hinzugeben und ihm alles zugunsten seiner Erfindungen, seiner tyrannischen Eigenwilligkeit zu verzeihen. Und dann gelang es mir, nichts weiter zu betrachten als Marguerite Moreno, wie sie unter unseren Augen die Rolle der Irren erschuf. Die erstaunliche Ungezwungenheit ihres Spiels, mit der sie die Anwesenheit des Publikums überspielte, die Souveränität, mit der sie ihre Stimme einsetzte, die den Schlüsselwörtern eines Satzes genau das richtige Maß an Klang und Rhythmus gab, die gewagte Koketterie einer mit Federn aufgetakelten alten Schachtel, kurz gesagt, die klangliche Gestaltung der Rolle durch eine unvergleichliche Künstlerin hatte etwas Ergreifendes und ergriff uns tatsächlich.

Von meiner schattigen Proszeniumsloge aus verfolgte ich Marguerite mit hellsichtiger, höchst wohlwollender Indiskretion, mit der kritischen Aufmerksamkeit einer Kostümbildnerin, eines Regisseurs.
Ich brauchte nicht lange, um ganz beruhigt zu sein: unter der kohlschwarzen und kreideweißen Schminke, unter dem Flitter beobachtete uns eine große Künstlerin, nutzte eine Musikerin mit sicherem Gehör unser Schweigen und unseren Applaus. Nachdem jegliche Befürchtung verflogen und mein Stolz befriedigt war, konnte ich von jenem Abend an – der fünften Vorstellung, glaube ich – Morenos langanhaltenden Erfolg und das Florieren des Athénée vorausberechnen.
Die Begeisterung, die Moreno in ihrer Rolle weckte, sollte erst nach Hunderten von Vorstellungen nachlassen. Mir hat es nicht immer gefallen, daß das Publikum sich in seinem Enthusiasmus von den Rekordzahlen mitbestimmen ließ, daß es die etwa eintausendachthundert für die Irre bestimmten Textzeilen «umwerfend» fand. Zwischen Ungewißheit und Ovationen wechselnd, machte Moreno weiter, feierte einmal, oft zweimal täglich Triumphe im Athénée und fand noch Zeit, mich zu besuchen.
«Du siehst ja nicht einmal müde aus!» sagte ich bewundernd.
«Trotzdem bin ich es», sagte sie. «Immer treppauf, treppab. Die trockene Luft, die schlecht für den Hals ist, das lange Stehen auf der Bühne.»
Ich unterbrach sie mit einer Geste, die sie verstand:
«Ach so, die Ermüdung an meiner Rolle . . . Du kannst beruhigt sein, Colettchen, wenn ich nicht sehr müde aussehe, dann deshalb, weil ich nicht sehr müde bin. Ich mache da etwas, was nicht schwer für mich ist. Die Irre ist eine sehr lange, exzentrische Rolle ohne Geheimnisse. Sie enthält keinerlei psychologische Rätsel und wirkt deswegen nicht erschöpfend. Willst du alles hören, was ich denke? Wem könnte ich es sagen, wenn nicht dir? Ich bilde mir ein, die Rolle könnte von jeder Beliebigen gespielt werden. Bloß . . .»
Sie unterbrach sich, um ihre Tasche zu öffnen, um gewohnheitsmäßig zu murmeln: «Mein Schlüssel. Ich habe meinen Schlüssel verloren . . . Nein, da ist er. Ich habe mein Geld auf dem Kamin-

sims liegengelassen . . . Was habe ich denn mit Pierres Brief gemacht . . .»
«Bloß», fuhr sie fort, «weiß das niemand. Bei genauer Betrachtung ist es besser, wenn es außer uns niemand erfährt.»
Ich, die ungetreue Empfängerin dieses seltsamen Geständnisses voll übertriebener Bescheidenheit und mystifizierender Phantasie, ich sage es jetzt laut heraus, ich schreie es heraus, aber es hört sich nicht mehr wie eine Beichte an, ihm fehlt der kommentierende Blick. Eines Tages, bevor sie im Schutz ihres braunen, beigen oder womöglich auberginefarbenen Hutes davonging, hatte sie es mir anvertraut . . .
Ich habe *Die Irre von Chaillot* nicht noch einmal gesehen. Mitunter erzählte Moreno mir die Neuigkeiten über das Stück und vergaß nicht, sich über sich selbst lustig zu machen:
«Ist es immer noch ein Triumph, Marguerite?»
«Immer noch. Zwischen den Vorstellungen bringt man mir Kinder, denen ich meinen Segen geben soll.»
Danach erzählte sie irgendeine Anekdote, die sie, die uns in ihre Vergangenheit zurückführte. Eine hingeworfene Andeutung über ihre Mutter, an deren feindselige, ausdauernde Schönheit ich mich erinnere, bekam in ihrem Mund die Bissigkeit einer genialen Skizze. Für bestimmte komische Rollen auf alt geschminkt, sah Marguerite (zum Beispiel in *Das Spiel ist aus*) ihrer Mutter plötzlich mit einer Eindringlichkeit, einer Erhabenheit ähnlich, die mich aus der Fassung brachten. Als sie in *La dernière nuit de don Juan* den Weißen Schatten spielte, sah man zwischen den Falten eines enganliegenden Schleiers zum letztenmal die Schönheit auf einem Gesicht aufleuchten, das das Schönsein schon seit langem verachtete.
Ich blicke mich um und suche Marguerite Moreno. Als sie noch lebte, konnten wir lange ohne einander auskommen. Ein Telefonanruf, ein Briefwechsel gaben dem Luftraum, der uns trennte, seine Klangfülle, seine Durchlässigkeit wieder. Meine Kollegen, ihre Freunde und Bewunderer haben mir ein recht bitteres Vergnügen bereitet, indem sie in den Zeitungen zahllose Porträts von ihr zeichneten, die ich noch nicht kannte. Jetzt bin ich mit allem versorgt, außer mit ihr.
Ganz zuletzt hatte sie eine kleine Nichte in ihr Herz geschlossen.

Sie hatte ihr Erstaunen, ihre tiefe Bewegung beim Anblick einer von Gesundheit und Intelligenz strotzenden Menschenblüte nicht verhehlen können. Ich entnehme das ihren letzten Briefen, in denen eine zarte Verlegenheit, eine Art stolze Beschaulichkeit und sogar eine bei Marguerite neue Freiheit erkennbar werden, die Zukunft als in einem strahlenden, kleinen Kind verkörperte Tatsache und als Vorstellung zu begrüßen. Das alles noch halbverschwiegen, behaftet mit einer Art Scheu, von der Zukunft, von der Beständigkeit zu reden, zu akzeptieren, daß von nun an alles leicht würde. Sie hätte die lyrische, vagabundierende Lebensweise im späten Herbst ihres Lebens nicht ohne Zögern aufgegeben. In ihren Briefen, die eine gewählt sich ausdrückende Schriftstellerin verraten, liebäugelt sie noch mit Plänen. Aber war für sie nicht der erregendste Plan, auf das Abenteuer zu verzichten? Ein bißchen Vorsicht, ein weniger eiskalter Frühling; und Marguerite Moreno wäre noch unter uns. Oder aber, sie hätte hundert Meilen von hier eine seltsame Blaue Quelle, Weinstöcke, kultivierte Felder und eine vergrößerte Familie den alten Bindungen ihrer Kunst vorgezogen. «In diesem Jahr wirst du mich hier wieder besuchen», schrieb sie mir. «Seit deinem ersten Besuch hat sich alles so geändert! In diesem Jahr wirst du endlich in meine schöne Landschaft kommen . . .»

Hier hat sie wahrscheinlich die Feder sinken lassen, hat die Augen über ihr Gut schweifen lassen, über die blauen Juwelen, welche die flinken, schwarzrückigen Fische im Wasser der Quelle aufwirbelten, hat auf die Stimme eines sehr kleinen Kindes gelauscht. Doch auch dieses Mal hat sie nicht gewagt, «Heim» anstelle von «Landschaft» zu schreiben.

Ein Ysop, mein Herr, ich glaube, das ist ein Ysop, dieses schon trockene, noch duftende Zweiglein, das fast so zart wie Schneekristalle ist. Aber ich bürge für nichts. Weil ich bei Mermod ein Büchlein veröffentlicht habe, das einige Pflanzen duzt, interpretiert oder deformiert, verdiene ich nicht, daß Sie es mit der ‹Botanik für Damen› vergleichen, einem hervorragenden Werk, in dem man adelige Damen in fliegenden Schleiern Pilze unter ihren feinen Schühchen zertrampeln und Schmetterlinge zwischen ihren weißbehandschuhten Händen zerquetschen sieht . . .
Ja, ich neige zu der Meinung, daß dies ein Ysop ist. Vom reinen Kampfer ausgehend, verströmt es zunächst zwei oder drei keusche, leicht pfefferige Düfte, wie Lavendel und Rosmarin, bevor es schließlich nach . . . mein Gott ja, nach Ysop duftet. ‹Hysope et mundabor . . .› Wollen Sie, daß ich Ihnen am Telefon ein Stückchen aus der lateinischen Messe vorsinge? Ich bin dazu imstande. Sie würden Ihren Ohren nicht trauen, mein Herr, der Sie so verständig sind, Ihren Namen zu verschweigen. Halten Sie also die kleine, wohlriechende Pflanze für ein Ysop, und ich halte sie für eines der Geschenke, die aus einem Brief flattern, aus einem Käseblättchen oder einer Arzneischachtel rollen, eben eines jener Geschenke, deren ich nicht überdrüssig werde. Vor dem Ihren habe ich heute schon von Seiner Exzellenz Brahim el Glaoui ein Fläschchen aus Marrakesch erhalten, das graues, weiches, flimmerndes Antimon enthält, von dem ich nicht weiß, ob es Kôhl, Kohol oder Mokohol heißen muß. Aber was schert mich die Rechtschreibung, wo ich jetzt die Augenschminke besitze, die zugleich ein Heilmittel ist, vor geröteten Lidern schützt und einem erlaubt, sich dem Sonnen- oder Lampenlicht und staubiger Luft auszusetzen, eben das Antimon, das man im Orient den Neugeborenen unter die Lider streut?

Viele Jahrzehnte lang kaufte ich meinen Kohol getreulich bei Bichara, dem «syrischen Parfümeriehändler», einem schlanken, dunklen Mann, dessen Händedruck so trocken und sanft war! Er verkaufte heißblütige Parfums, eine Art Ton zum Haarewaschen, zu kleinen Zylindern geformte Seifen, die aussahen, als wären sie eßbar. Ich erinnere mich, daß er nie vergaß, Holz zu berühren, wenn er sich nach meinem kleinen Töchterchen erkundigte, um sie vor Unheil zu bewahren. Er sprach sehr leise, hatte einen diskreten Husten, der ihn diskret ins Grab gebracht hat. Ein Mann, der eine körperliche Vornehmheit ausstrahlte, die sein Geschäft anziehend machte wie eine unterhaltsame Alchemie. Er hinterließ eine dichtende Tochter.

Die Anregung zum täglichen Gebrauch des Antimons verdanke ich einer aus Oran stammenden Dame, der Frau Generalin C. Sie hatte einen Offizierskameraden meines Vaters geheiratet, den jungen und schönen Hauptmann C. Die Generalin, eine konvertierte Jüdin, lehrte mich ein paar gute Haremsbräuche, unter anderem die Gewohnheit, das Bedürfnis, Kohol zu benutzen. Als Witwe blieb sie so mancher afrikanischen Koketterie treu, zum Beispiel dem Lockenwickeln, den Rosenkränzen aus blauen Perlen, aus Gazellenkötteln, den beschwörenden Fetischen. Trotzdem versäumte sie die Sonntagsmesse nie. In Paris, wo ich drei Wochen bei ihr verbrachte, entwickelte ich sogleich eine Vorliebe für den Kuskus und die fettigen oranischen Süßigkeiten.

Trotzdem wagte ich Sido nicht um einen zweiten Besuch in Paris zu bitten, noch wagte ich, meiner Mutter zu erzählen, daß ich die Frau Generalin eines Morgens in Paris überrascht hatte, als sie die Hausarbeit eines ehemaligen Ordonnanzsoldaten und jetzigen Hausdieners überwachte. In blauer Schürze saß der Bursche rittlings oben auf einer Stehleiter, putzte die Scheiben eines Oberlichts und empfing die Ratschläge der oranischen Dame, die unten an der Leiter stand. «Verwünschter Dummkopf», sagte sie ungezwungen, «ich sehe von hier die Streifen, die du auf der Scheibe läßt. Du brauchst wohl eine Ermunterung, was?» Und übermütig packte sie sein Hinterteil mit so festem Griff, daß er vor Überraschung und Spaß wieherte. Dann sprang er von der Leiter und erwiderte die Höflichkeit.

Ich war in dem unversöhnlichen Alter, das den reifen Menschen das Recht abspricht, verliebt zu lieben, ihnen jedwede Geste der Liebe verbietet und vor allem mißbilligt, daß die Liebe in übermütiger Weise gezeigt wird. Mehr noch als die Geste der Generalin trieb mich das Lachen des Mannes entrüstet in das Zimmer zurück, aus dem ich gekommen war. Fünfzehn Jahre . . . Das richtige Alter, um von der Geilheit der Erwachsenen schockiert zu erbeben! Mit fünfzehn Jahren ist die Liebe bei dem kleinsten Anlaß in Tränen gebadet; sie läßt sich nicht kichernd in den Hintern kneifen.

Wie die meisten Hunde mit großem, rundem Schädel, zum Beispiel Bulldoggen, Bullterrier und kleine Brabant-Terrier und Boxer, hatte sie ein ausgeprägtes Gedächtnis. Die Boxerhündin meines älteren Bruders ‹kannte› mehrere Lieder und meine Bulldogge Souci eine ungewöhnliche Zahl von Wörtern. Sie lernte sie so schnell, daß ich mir den Spaß machte, ihr eine falsche Aussprache beizubringen. Sie aß gerne Obst und hatte eine besondere Vorliebe für Himbeeren und reife Trauben, die ich, nur ihr gegenüber, «Hhimböre» (das H bitte stark hauchen) und «Trraubö» nannte. Manchmal vergaß ich dieses Ritual und sagte zu ihr: «Willst du eine Himbeere? Eine Traube?» Sie sah mich halsstarrig an und antwortete nicht. Ich verbesserte: «Eine kleine Hhimböre? Eine Trraubö?» Woraufhin Souci mit Anzeichen der Freude und Zustimmung aufsprang. So ging es bis zu dem Tag, als sie entdeckte, daß nicht nur der Weinstock, sondern auch der Himbeerstrauch in Bulldoggenhöhe Früchte tragen. Seither verzichtete sie auf meine Hilfe und meine verfälschten Wörter und frühstückte gegen sieben Uhr morgens Hhimbören und Trraubön.
Ich hatte sie auf der Hundeausstellung in den Tuilerien gekauft, wo sie den ersten Preis der französischen Bulldoggen in der Kategorie unter sieben Kilo gewonnen hatte, und hatte neuntausend Francs für sie bezahlt. Ihr Bruder ging, in Gold aufgewogen, nach Amerika. Da die Anschaffung meine Mittel überstieg, glich ich dies aus, indem ich auf ein neues Schneiderkostüm und ein Nachmittags-Ensemble verzichtete; Soucis Garderobe wurde durch ein scharlachrotes Zaumzeug vervollständigt. Wenn wir zusammen ausgingen, wirkten mein abgewetzter rechter Ellen-

bogen und mein Filzhut (den die Comtesse de Noailles meinen «alten Jägerhut» nannte) vielleicht etwas schäbig, aber die Hündin bannte die Blicke. In einem elfjährigen gemeinsamen Leben sind wir, Souci und ich, keinem Paar begegnet, bei dem die Bulldogge soviel neidische Bewunderung einheimste.

Bevor ich Souci bekam, gingen wir lange Zeit zu dritt brav im Bois de Boulogne spazieren: die Schäferhündin Belle-Aude auf ihren hohen, schwarz-gelben Läufen, ich auf meinem Fahrrad und Pati, die winzige Terrierhündin aus Brabant, in einem an meine Lenkstange gebundenen Körbchen. Wenn wir die menschenleeren Alleen erreichten, setzte ich die ungestüme Brabanterin auf die Erde. Beim Laufen wollte sie immer die große Schäferhündin aus Beauce überholen. Alle beide gehorchten auf Kommando, das aber nur dann Gewicht und Wirkung hatte, wenn ich es auf eine bestimmte, rüpelhafte Art aussprach: «Rrechtsrrüber, sag ich euch, rrechtsrrüber!»

Mehr als ein Passant blieb für Augenblicke wie angewurzelt stehen, wenn er sah, wie die beiden Hündinnen so genau rechts von links unterschieden und sich rechts von meinem Fahrrad hielten.

Die Letzte Katze kannte nur ein Lied, ein sehr hübsches amerikanisches Lied, das von den Sophomores oder den Revellers reizend gesungen wurde. Manchmal, während sie in ihrem ehrwürdigen Katzenschlaf lag, ließ ich die Melodie laufen. Nicht immer wachte sie aus ihrem Schlummer auf, aber über ihren feinen, schlafenden Mund huschte ein verträumtes Lächeln des Einverständnisses: «Ja, ja, ich höre. Weck mich nicht ganz und gar auf.» Ich glaube, ihr Lied hieß «Blue Heaven». Falls ich mir wieder einen Plattenspieler kaufe, können Sie sicher sein, daß es vor allem mit der Absicht verbunden ist, diese Platte zu kaufen.

Ich werde erst aufhören, die Letzte Katze zu besingen, wenn ich auch alle anderen Dinge mit Schweigen übergehe. Vielleicht fehlt nicht mehr viel, doch da wir noch nicht soweit sind und da ich nur über das, was ich kannte, habe sprechen können, erzähle ich ein Wort über dieses, ein Wort über jenes, was mich davon abhält, meine alten Liebesgeschichten auszugraben, denen ich nichts Schlechtes nachzusagen habe, deretwegen ich nicht zu erröten brauche, von denen ich bloß genug habe. Ich möchte mich nicht mehr mit einem schönen Mann geschmückt, auch nicht mit Dijonröschen bekränzt im Spiegel der Vergangenheit sehen.

Der braune Pudel kommt jetzt allmählich aus der Mode, und der schwarze Cocker ist fast genauso unmodern. Seit dem Krieg haben verschiedene Jagdhunde die Gunst und hohe Preise erlangt, hauptsächlich die mahagonibraunen, schwarz-weiß oder hellbraun-weiß gesprenkelten Spaniels. Sie können Ihnen auf den Bürgersteigen begegnen, an der Leine, mit dem Ausdruck gefaßter Verzweiflung, der dem zur Sommerfrische in Paris weilenden Jagdhund zukommt. Brav, mit gesenkten Augen, haben sie sich in die Schlange der Bananenkäufer vor dem Obstladen eingereiht. Brav und dennoch mit der einzigartigen Veranlagung ausgestattet, sich zu verlaufen. «Entlaufen. Setter mit Halsband, ohne Adresse, zwischen rue de Miromesnil und Ostbahnhof . . . Entlaufen. Bretonischer Spaniel . . . Hört auf den Namen Gamin . . . Entlaufen. Spaniel . . .» Wer ist schuld, wen soll ich verdächtigen? Oh, armer Setter, mit Schmachtlocken à la Sévigné läufst du traurig über den Pariser Bürgersteig, auf dem das Horn deiner Fußsohlen trocken und rissig wird, deiner Fußsohlen, die den Sumpf und dunkle Gräben, in denen Ehrenpreis blüht, so lieben! . . . «Nimm den Hund mit, du kannst ihn beim Einkaufen ausführen.» Und dann plötzlich ist kein Hund mehr da, keine Leine mehr da, nur ein großes Netz voll Salat, Würste aus Toulouse und niemals ausgereifte Bananen, dann ist nur noch eine arme Dame ohne Spaniel da . . . «Entlaufen. Markt am Cours Albert I. . . . Entlaufen. Markt von Saint-Honoré.» Vielleicht witterten die empfindlichen, gemsenfarbenen Nüstern des Spaniels zwischen dem Händler für schlechte Apfelsinen und dem Händler für gipsartigen Käse den in dem Bund Kresse aus Rambouillet mitgebrachten Duft der Quellen, des Kaninchens, des Vogels, ein Duft, der den Pfoten des Spaniels Flügel verleiht und das beschränkte Hirn des abgerichteten Hundes in den Irrsinn treibt. «Entlaufen. Hohe Belohnung.»

Wohin geht der fruchtbare Cocker, den die Mode zu vernachlässigen beginnt, mit seinem Wurf von acht pechschwarzen Welpen? Zum Glück lieben ihn seine Herrchen um seiner selbst willen, um seiner unheilbaren Sentimentalität willen. Er teilt seinen Kummer zwischen der angeborenen Sehnsucht nach der Jagd und Sätzen, die er falsch verstanden hat, denen er aber immer einen beleidigenden Sinn unterstellt. Er käut sie immer wieder durch und weint insgeheim. Weil er so schöne Augen hat, suchen wir ihn zu trösten: «Komm, mein Schätzchen, ich will dir deine schöne Ohren im Nacken zusammenbinden, damit sie dir nicht in die Suppe hängen.» Wenn er wenigstens nicht so in Vergessenheit gerät wie der Bedlington mit seiner Schafskrause, der wegen der Beule auf seiner Nase an die verstorbene Herzogin Sforza, geborene Antokolski, erinnert. Aber das ist recht beleidigend für die unermüdlichen großen Züchter, und Frau Steinbock-Fermor kann Ihnen besser als ich sagen, was an dem schlanken Bedlington zu schätzen ist.

Der Markt für braune Pudel gibt nach. Die Kurse des jettschwarzen Pudels ziehen wieder an. Die Notierung des schneeweißen Pudels ist bemerkenswert stabil. Geringe Nachfrage besteht nach dem Pudel mit Kringellöckchen. Beim braunen Pudel ist die Treue mancher Liebhaber anzumerken, wie Fräulein Hilda Gélis-Didot und Francis Carco. Herr Watermann hängt am jettschwarzen Pudel. Einige vergesse ich absichtlich. Ich unterschlage eine gewisse Sorte, die beschnitten ist wie Eiben, die empfindlichen, nackten Nieren dem Biß des Rheumas ausgesetzt, das Haupthaar und der Bart à la Victor Hugo oder à la Bébé Bérart gestutzt.

Die Boxermode ist auf ihrem Höhepunkt. Kein Hundecharakter, mit Ausnahme der Bulldogge, verdiente es mehr. Das Weibchen besitzt alle guten Eigenschaften; es freundet sich schnell an und ist mütterlich. Und im Kampf ist es so tapfer, daß man um sein Leben bangen muß. Ich sage dies auf Grund einer Erfahrung mit einer kurzbeinigen, wurstförmigen, weil überernährten Boxerhündin namens Gertrude, die sich mit ihrer glänzenden, glitzernden Iris den Beinamen «das Mädchen mit den Goldaugen» verdiente. Sie konnte genauso stark lieben wie hassen und zeigte ihren Rivalen aller Rassen unter ihrer geschürzten schwarzen Lefze die Zähne. Aber innerhalb meiner Familie, die sie aufgenommen hatte, zeigte sie uns allen eine fast hysterische, seufzende Zuneigung – die Boxer singen und artikulieren deutlich –, eine Zuneigung, die sich auch auf die Katzen erstreckte. Oh, ihr

Boxerhündinnen mit eurer schwarzen Maske und euren gutsitzenden Falten! Jetzt kommt ihr zu Ehren, und ich bin immer noch geradezu gerührt, wenn ihr mit dem rassigen Geruch eines kleinen, warmen Pferdchens mit glattem Fell und gesunder Schnauze an mir vorbeigeht. Eure unvergeßliche Art, euch mit Leib und Seele einem Familienkreis anzuschließen, den Blick auf das Feuer gerichtet zu träumen, den Stimmen, den Gedanken, dem Schlagen der letzten Tür, den Schritten über der Zimmerdecke zu lauschen . . .
War das eine ausreichende Ehrenerklärung für die Hundewelt? Ich habe sie ihr nie vorenthalten. Doch eine lange Erfahrung hat mich gelehrt, daß wir das lyrische Mitteilungsbedürfnis des Hundes zu leicht entfesseln. Drei zärtlich betonte Worte, eine Liebkosung, und der unbeherrschte, nervenschwache Hund bricht in Gewinsel aus. «Na, na, warum denn gleich Tränen!» tadelte meine Mutter. Trotzdem war sie schön, diese zwischen uns sitzende Sphinx, die fast keine Geheimnisse hatte.
Sie hieß Gertrude. Sie setzte sich wie eine nackte Frau auf ihren faltigen Schenkel und träumte in die Flammen. Das Leben eines gefühlvollen Hundes ist recht kurz!

Dieses Kind, das da mit viereckig aufgerissenem Mund im Park weint . . . Es weint lange. Es erinnert mich an ein belgisches Kind, das immer zur Essenszeit zu weinen anfing. Bleich, seidiges, lustloses Haar, vier oder fünf Jahre alt . . . In seinen Beziehungen zu seiner schwachen Mutter spielte es die Sturheit aus, die manchen Kindern eigen ist und die auf dem Gesicht der Eltern eine Art Verwirrung hervorruft, aus der man den – vorübergehenden – Wunsch, das laut weinende Kind umkommen zu sehen, es umzubringen, ablesen kann. Einmal setzte sich das belgische Kind, das Jules hieß, an den Tisch und weinte und hörte nicht mehr auf zu weinen. Seine liebevolle Mutter schickte ihn nicht hinaus, ohrfeigte ihn nicht, sperrte ihn weder in den Keller noch in den Besenschrank.

Er brüllte mit langatmiger, lauter Stimme, und seine erbleichende Mutter redete sinnlos auf ihn ein: «Nun komm, mein Liebling . . . Jules, sei still! Ein großer Junge von beinah fünf Jahren! Du bekommst keine Schlagsahne. Wenn Sie nicht sofort still sind, mein Herr, dürfen Sie nicht in die Messe, nein, ich meine in den Zirkus . . . Mein Gott, bin ich unglücklich! Warum habe ich kein Kind, das stumm ist? . . . Jules, ich flehe dich an . . . Jules! Gehorch deiner Mutter!»

Plötzlich, mitten im schönsten Gebrüll, hörte das Kind auf zu heulen, und das aufgelöste Gesicht der Mutter zeigte wieder Farbe und Hoffnung. Sie gab ihrem Sohn Schlagsahne, Kuchen, Pflaumen, und er aß alles mit bestem Appetit. Seine Mutter nannte ihn ihr süßes Schätzchen, ihren «kleinen Liebling, der einen so großen Kummer hatte», säuberte ihm Mund und Augen, woraufhin Jules noch lauter und heilloser zu brüllen anfing. Vor Ratlosigkeit zitternd, schaute seine Mutter ihn an:

«Warum fängst du denn wieder an?» riskierte sie zu fragen.

Er unterbrach sein Geschrei, um gemessen zu antworten:
«Ich war noch nicht fertig mit Weinen.»

Ich habe dieses Rinnsal, dieses skandalöse Schreien, diese Grimasse, diesen viereckig aufgerissenen Mund eines Erbrechenden nie verstanden, nie geduldet, nie unnötig eingesetzt. Ich habe irgendeinen Abscheu vor Weinkrämpfen, vor diesem zitternden Kinn, dem zuckenden Herabziehen der Mundwinkel, diesen zwanzigtausendfach vergrößerten Schnupfen, dieser Erpressung. Dieser Abscheu geht auf Sidos Unwillen gegenüber den schamlosen Tränen der Kindheit zurück. Später in meinem Leben begegnete ich einem dem meinen entsprechenden Empfinden bei der häßlichen, tüchtigen, von der Vorsehung gesandten alten Engländerin, die meine Tochter sieben Jahre lang versorgte und die zu dem zweieinhalbjährigen Kind sagte: «Weinen! Schämen Sie sich nicht, vor mir und vor Ihrer Mama zu weinen? Sie dürfen genausowenig vor jemandem weinen wie bei offener Tür Ihr Geschäftchen erledigen.»
Bei unseren vertraulichen Gesprächen dozierte Miss Draper: «Weinen ist eine schlechte Angewohnheit, weiter nichts. My baby weint nicht, wenn es hinfällt. My baby weint nicht, wenn es ins Bett muß . . .» Sie unterbrach ihre Aufzählung kindlicher Tugenden nur, um demselben Baby eine Serie von verdienten Strafen zu verheißen. Wie gerne beobachtete ich immer in den Stunden der dramatischen Auflehnung auf dem Gesicht eines blühenden kleinen Mädchens den Kampf gegen die Tränen, den Versuch, mit stolz zusammengebissenem Mund sich frühreif selbst zu beherrschen.
Einmal allerdings . . . Ausnahmsweise hatte ich meine Tochter von La Corrèze nach Paris mitnehmen müssen, und Miss Draper hatte sie mir nicht gerne mitgegeben. Mit ihren Knabenhosen und ihrer Frische hatte die fünfjährige Bel-Gazou in Paris einen verdienten Erfolg. Drei Wochen lang, zwischen Zirkus und Kino, zeigte sie kaum, daß die Abwesenheit ihrer Nursie-Dear ihr schwerfiel. Allerdings fiel mir ihr nervöses Gähnen und ihr schmaleres Gesicht auf, doch ich schob das auf die Pariser Nahrung. Vielleicht auch auf die Frivolität ihrer Großmutter väterlicherseits. . . . Diese wollte Bel-Gazou den Tango und einige

andere Gesellschaftsspiele beibringen.
Dann fuhren wir, die Kleine und ich, in die mit Kühen übersäten Felder des Limousin zurück. Im Zug lieferte ich alle möglichen Gesprächsstoffe, die meine Tochter in ihrer ruhigen, etwas distanzierten Art sortierte und akzeptierte oder ablehnte. Als wir uns Varetz näherten, wies ich sie auf alle Wunder der vertrauten Landschaft hin, die sie vergessen zu haben schien: die Weidensträucher, die Bauernhöfe, die von Eisvögeln überflogene, sich schlängelnde Vézère. Wir hatten keinen Wagen am Bahnhof, aber der «kleine Zug» würde uns nicht weit vom Nachtquartier absetzen. Vor dem Anhalten beugte ich mich aus der Tür und sah Miss Drapers hohe und militärische Statur auf dem Bahnsteig.
«Liebling! Bel-Gazou! Sieh mal, deine Miss erwartet dich! Sag deiner Miss freundlich guten Tag!»
Als ob es darum gegangen wäre, freundlich guten Tag zu sagen! Neben mir saß, so aufgelöst, daß sie nicht daran dachte auszusteigen, eine kleine Kreatur, die in Tränen gebadet schluchzte, Tränen, die, ohne sie zu benässen, über ihre samtigen Wangen rollten:
«Nursie-Dear . . . oh, Nursie-Dear . . . Nursie . . .»
Damals habe ich erfahren, daß ein ganz kleines Kind vor Glück weinen kann wie eine Liebende. Und Miss Draper . . . Nie habe ich einen Gendarm auf einem ländlichen Bahnhof vor den Augen eines Rottenarbeiters so weinen sehen.
Kurz darauf, als wir einen Querpfad entlanggingen, nahmen meine Tochter und ihre Nurse ihre angenehme Ungerührtheit wieder an. Mit großartiger Verachtung für die blühend unter ihren Füßen liegende Wiese beschrieb meine Tochter Paris. Steif wies Nursie-Dear die Verlockungen, die sie nicht gekostet hatte, von sich:
«Wenn Sie Ihr Paris so sehr lieben, sollten Sie dort bleiben. Ich hatte hier jedenfalls meine Ruhe ohne Sie, denn niemand hat mich wie sonst immer geärgert.»
Das Kind im Park weint immer noch, aber mit Unterbrechungen, denn seine Mutter ist weggegangen. Da das Gehege keine Gefahren birgt, lernen die Kinder hier früh und allein das Leben nach den Sprech- und Verhaltensweisen, die der letzte Krieg eingeführt hat. Jedesmal, wenn das Umstürzen eines «Sandkuchens»

sein Geschick erfordert, hört der Weinende auf zu weinen. Danach weint er wieder ein bißchen, aber ohne Überzeugung. Ein anderes Bürschchen kommt aus dem Schutz der Arkaden, geht zu dem Gitter, das den Rasen umzäunt, hebt den Kopf und schreit, als riefe es nach den Tauben:

«He, ihr beiden Sch . . .! Muß ich euch mit der Peitsche holen?»

Das Geschrei lockt sogleich ein schönes blondes kleines Mädchen und einen dicken Lockenkopf herbei, der beim Gehen noch stolpert. Das Trio entfernt sich. Das sind alte Bekannte, von denen ich fast alles weiß, wie Sie gleich sehen werden. Jojo, der Älteste, ist sieben, er geht ins erste Schuljahr. Ein kleiner Pariser Junge wie viele andere. Besondere Kennzeichen: keine. Frechheit ist nämlich kein besonderes Kennzeichen mehr.

Seine Schwester, die Viereckige, ist viereinhalb Jahre alt. Ein schönes, üppiges Mädchen, das immer leicht erkältet ist.

Seine Mutter, eine müde Frau. Besondere Kennzeichen: keine. Bei Müttern von drei Kindern ist Müdigkeit kein besonderes Kennzeichen.

Der Letzte ist neunundzwanzig Monate alt.

Jojo kommt aus der Schule und befreit sich mit der Schulterdrehung eines echten Seebärs von seinem Ranzen.

Jojo: Es ist soweit. Ich verpflichte mich.

seine Mutter: Du verpflichtest dich? Wo?

Jojo: Als Chorknabe. In Saint-Eustache.

seine Mutter: Seit wann?

Jojo: Sonntag fange ich an.

seine Mutter: Wie ist denn das, Chorknabe zu sein? Das ist ein Witz!

Jojo: Ein Witz? Wer redet hier von Witz? Das bringt was ein! Verstehste? Das bringt was ein! Der Kumpel, der mir den Tip gegeben hat, hat schon fünfhundert Francs in seiner Sparbüchse. Das ist eine Arbeit! Du machst ein bißchen hier was, ein bißchen da was. Du sprichst die Messe. Du arbeitest während der Messe. Das ist schon was!

seine Mutter: Trotzdem, Jojo, du willst mir doch nicht weismachen, daß man das ohne Zustimmung der Eltern regeln kann, du bist noch nicht volljährig, daß du dich von den Priestern anstellen lassen kannst. Vorausgesetzt, daß dein Vater . . . (es folgen viele überflüssige Wörter, die weder Jojo noch die Viereckige, noch den Letzten zu berühren scheinen.)

Am Sonntag danach liegt Jojo lange in den Federn und wartet auf das Füßewaschen.

seine Mutter: (diesmal mit überlegener Ironie) Na, und deine Messe? Ich dachte?

Jojo: Ich bin nicht hingegangen.

seine Mutter: Weswegen?

Jojo: Einmal wegen der Zeit. Das ist zu früh. Und wegen der Metro. Bei den Metropreisen lege ich ja fast noch was drauf. Ich hab's fallenlassen.

seine Mutter: Und dein Zahn?

Jojo: Der hält. Er wackelt, aber er hält. Kuck! (Er macht den Mund auf.)

seine Mutter: Mir reicht's, morgen bringe ich dich zum Zahnarzt.

Jojo: Wieviel wird er dir abnehmen?

seine Mutter: Vielleicht so um die zweihundert, fürchte ich.

Jojo: Ganz schön teuer. (Er sinniert.) Mama, gibst du mir die zweihundert, wenn ich dir heut nachmittag meinen Zahn bringe?

seine Mutter: Bring erst den Zahn, dann werden wir sehen.

Jojo (am Nachmittag)*:* Da ist er. (Er legt den kleinen Schneidezahn in die Hand der Mutter und streckt seine aus.) Meine zweihundert?

seine Mutter: Zweihundert Francs? Zweihundert Francs für ein Kind in deinem Alter. Zweihundert Francs, wenn eine Frau wie ich sie nicht verdient? Was muß man sich nicht alles sagen lassen?! (Jojo heult. Lautes Schreien von beiden. Jojo bekommt fünfzig Francs. Beruhigung. Vorübergehendes kindisches Gehabe.)

Jojo (gutgelaunt)*:* He, Viereckige! Spielst du eine Partie Klicker mit mir?

Stimme der Viereckigen: Nein. Im Park regnet's.

Jojo: Dann spielen wir im Hausflur. Die fehlende Fliese ist das Loch.

(Stille. Auftritt der Viereckigen, die den Mund voll Blut hat. Sie weint, aber lautlos.)

Jojo (interessiert)*:* Was hast du denn?

die Viereckige: Das Fädchen hat mich geschnitten. Ich wollte mir einen Zahn mit dem Faden rausziehen.

Jojo: Wackelt er, der Zahn? Welcher?

die Viereckige: Nein, er wackelt nicht. Ich wollte die fünfzig Francs haben.

(Im Nebenzimmer Ausbruch von Schreien. Schreie der Mutter und Schreie des Letzten.)

seine Mutter: Was hat er denn? Was hat er? Was für ein Fluch, so ein Kind zu haben. Sich mit neunundzwanzig Monaten noch so zuzurichten! Ach je, was für eine Generation! (usw.)

die Viereckige (leise zu Jojo)*:* Sag's nicht weiter. Er hat versucht, sich mit dem Ding zum Dosenöffnen einen Zahn rauszuholen. Er wollte die fünfzig Francs haben . . .

Seit Dezember sind wir in der Académie Goncourt wieder zu zehnt. Doch Lucien Descaves, den lebhaften Achtzigjährigen, den zerbrechlich und leicht wie eine Ranke gewordenen Freund, hält sein hohes Alter zu Hause zurück. Selbst in der Zeit der Reibungen, der Zwiste, der Enthaltungen, als nur für fünf oder sechs gedeckt war, ging ich gern zu den Goncourt-Essen. Wenn Drouant seinen kleinen Aufzug nicht hätte, wäre ich ziemlich schlecht dran. Aber dann könnte ich mit sechs oder acht kräftig zupackenden Männern rechnen, die mich bis in den Salon hinaufhievten, den das locker gemalte Porträt Edmond de Goncourts schmückt, und könnte mich dort zufrieden niederlassen. Wir sind verschieden, pflegen diese Verschiedenheit eifrig, wehren uns gegen die Anpassung. Dorgelès läßt sich keine Gelegenheit entgehen, wie eine Kastanie über der Glut zu platzen. Carco schmollt manchmal; dann verstummt er und enthält uns sein bezauberndes Sängerorgan vor (die schönste Stimme des Rundfunks!). Larguier hat Humor und die Mähne eines mutwilligen Löwen; er brüllt in Alexandrinern, Billy? Er weiß alles, was ich nicht weiß: schleppt er nicht eine ganz hübsche Bildung mit sich herum?
Wenn ich mich auch als alter Knabe aufspiele, so ist es doch noch ein sehr weibliches Vergnügen, das ich dabei empfinde, bei den Goncourt-Essen die einzige von einer Versammlung gelehrter Männer umgebene Frau zu sein. Fünf, sechs, acht, neun Männer. Echte Männer – das Alter ändert nichts daran – mit den Fehlern und dem Charme von Männern. Man muß Descaves gesehen haben: auf einen unbequemen Tisch gestützt, der so groß ist wie ein Kornfeld und sich der Vertraulichkeit und Intimität widersetzt, befühlt er mit Nase und Zunge die Weine und kritisiert die Küche. Man muß den hochverdienten jüngeren Rosny gesehen haben, mit seinen Backen wie Herbstäpfel und

seinem im Alter von siebenundachtzig Jahren noch tadellosen Gedächtnis und Gehör. Ihre diskrete Fürsorge ist spürbar, aber wohltuend für mich. Sie alle machen den Eindruck, als erinnerten sie sich daran, daß ich eine Frau gewesen bin. Von Zeit zu Zeit läßt Gérard Bauer, unser keckes, neugewähltes Mitglied, mir ein «Papier» zukommen, das so süß wie ein Liebesbriefchen ist. Am runden Tisch sitzend, erinnere ich mich gern daran, daß Arnoux wie ein Blumenengel botanisiert, daß Carco seine Forschungsergebnisse als Geschichtsschreiber über den Rundfunk verbreitet. Doch bei den Sitzungen der Académie Goncourt wird nur der Kandidat gelobt oder angeschwärzt, man kämpft nur für andere. So mache ich es unter meinen paar Männern, die von der Arbeit, manchmal vom reifen Alter, von der Müdigkeit deutlich gezeichnet sind, diesen echten Männern, die menschlich genug sind, die Geduld zu verlieren, die Stimme zu heben, zu fluchen. Menschlich streiten sie sich und sind, Gott sei Dank, verwöhnte Kenner. Keiner von ihnen hat die Liebe zum Schreiben oder die Liebe zu den Schreibenden verloren. Was sonst, wenn nicht diese Liebe, hält uns jedes Jahr auf dem steinigen Pfad der Bücher, die wir lesen, aufrecht? Wir lesen nämlich wirklich. Wir lesen hundert, hundertzwanzig Bände. Wir lesen den Roman von vierhundert, von achthundert Seiten. Wir entzerren, wir verzehren diesen Backsteinhaufen, diesen Block, der die Wände meines Zimmers verbaut, wenn die Zeit da ist. «Nur gut», sagen manche Freunde in leichtem, Einverständnis heuchelndem Ton zu mir, «nur gut, daß Sie nicht alles wissen müssen, was da drinsteht. Sie können es lesen oder auslassen.» Nein, können wir nicht, selbst wenn wir wollten. Eine merkwürdige Versammlung, in der von zehn Mitgliedern zehn peinlich genaue Leser sind! Gewissenhaft, zu Irrtümern genauso in der Lage wie zur Belohnung eines noch «grünen» Schriftstellers, bereit, einem vielversprechenden Talent Glauben zu schenken und dies im folgenden Jahr zu bereuen. Glaubt man, wir seien auf Rosen gebettet, wenn die letzten Stunden der Preisverleihungen schlagen? Die Abendzeitungen fassen unsere Ratlosigkeit in drei humorigen Zeilen zusammen: «Von den traditionellen Austern und dem berühmten Blanc de Blanc begünstigt, hat die Académie Goncourt wieder zehn Mitglieder . . .» Nein, nein, so lustig war

sie gar nicht, die Stunde des Weißweins und der Wahl. Mit Salacrou bin ich einverstanden, aber ich hätte auch gewollt, daß Anouilh . . . Hériat? Bravo! Aber viel zu lange wird Miomandre schon vergessen . . . Und außerdem, warum nicht Robert Kemp?
Um mich zufriedenzustellen, müßten die zehn mindestens zwanzig sein.

Mein Zimmer sieht heute abend aus wie eine Räuberhöhle. Es ist einer der Tage, an denen mein Nachbar, ein Juwelier, sich den Spaß macht, vor allem mir den Spaß macht, den Inhalt des samtgefütterten Köfferchens hier auszuschütten, in dem er seine letzten Werke transportiert. Auf meinem Tischbänkchen sehe ich einen goldenen, mit Saphiren besternten Ohrclips. Ich sehe eine Schnecke, mit einem Haus aus Topasen. Sie birgt eine versteckte, höchst lebendige Uhr, nicht größer als eine Linse. Ein wuchtiges, zugleich schweres und feingeflochtenes Armband ist entwischt, wie es eine zutrauliche Natter tun würde, um aus meinem halbvollen Becher Wasser zu trinken. Das grüne Auge eines Chrysolithen belauert es, das Auge eines massiven, von Brillanten umkränzten Chrysolithen, der wie geschaffen ist, einen sehr zarten weiblichen Ringfinger zu beschweren und die Purpurröte eines gewölbten Nagels zu betonen. Ein Aquamarinanhänger liegt unbewacht herum und will sein Wasser von magischem Blau ausbreiten, doch man hat ihn mit einem sehr feinen Gewebe aus ganz kleinen Diamanten umsponnen und an eine goldene Kette gelegt. So wird er auf den vorteilhaften Schatten, auf die Mulde zwischen zwei Brüsten warten. Und wo ist der herzförmige Turmalin? Gerade eben spielte seine rosige, an Wein erinnernde Farbe noch zwischen zwei Türkisen. «Vielleicht im Papierkorb», mutmaßt mein schelmischer Nachbar, der Juwelier. Die Wände meines Zimmers umschließen den Abglanz eines persischen Märchens, die von der unergründlichen Geometrie der geschliffenen Steine verschleuderten Fünkchen. Die opaken Steine – die Türkise – bringen ein wenig Ruhe in meine außergewöhnliche Unordnung. Mein Nachbar und Freund, der Goldschmied, versichert mir, daß das Betrachten von Juwelen heilsam für Arthritisbeschwerden ist, daß die meisten der den

Abgründen entrissenen Edelsteine ihre wohltuende Wirkung behalten. «Wohltuend? Und der Opal?» «Der Opal ebenfalls.» «Ja, und seine Legende? Die angeblich verbürgten Tatsachen, die ihm angelastet werden?» Mein Nachbar zuckt die Achseln: «Es hat immer Ungeschickte gegeben, die keinen Nagel einschlagen können, ohne sich einen Finger zu quetschen. Es wird sie immer geben. Sehen Sie sich lieber die Fassung dieses Ringes an. Ich glaube, ich habe sie erfunden. Das nennt sich gestricktes Gold. Gefällt es Ihnen?»

Gestrickt, tatsächlich, feinmaschig, an jeder Masche durch ein Diamentkörnchen aufgeheitert. Ja, das gestrickte Gold gefällt mir. Was gefällt mir noch? Diese dicke Schildkröte aus Chalzedon, dessen rauchige Konstellation an den nächtlichen Sternenhimmel über Paris erinnert? Nein, sie gefällt mir nicht besonders. Sie erinnert mich an eine krankhafte Mode, die lebendigen kleinen Schildkröten Juwelen in die Schuppen einlegte. Dieser leichte Blumenzweig aus Beryll? Auch nicht. Zu vornehm für mich. Eher dieses gewichtige, orientalische, protzige, seriöse Armband, das zu einem weichen Strang geknüpft ist. Ich lobe es ohne Einschränkung, ich probiere es an, und da ich es Gott sei Dank nicht nötig habe zu begehren, um bewundern zu können, zu erwerben, um mich erfreuen zu können, genieße ich ein Vergnügen, das seinerseits facettenreich ist, ein Vergnügen, das seinen Ursprung in einer typisch pariserischen, geduldigen, einfallsreichen und geschickten handwerklichen Kunst hat. Wenn ich meinen Nachbarn als Handwerker bezeichne, errötet er vor berechtigtem Stolz.

Im Verkehr mit ihm mache ich mich allmählich mit einem Luxus vertraut, den ich nie kannte. Ich lerne Namen. Zunächst kühl, dann aber schnell erwärmt, drehe und wende ich das gelbe Metall, das so viel Übel und Kriege gestiftet hat. Mehr als einmal habe ich irgendein bewundernswertes, versprochenes und fieberhaft erwartetes Schmuckstück vor seiner Empfängerin in der Hand gehalten. In meiner hohlen Hand habe ich einen ganz nackten Stein – ein herrenloser Sklave – umschlossen gehalten. Auf Grund seines seltsamen Glanzes, der nicht ganz rot und mehr als gelb war, vermeinte ich eine Glut zu ersticken. Doch mein Nachbar zuckte die Achseln: «Pöh, er ist nichts wert. Selbst sein Name ist ein Phantasiegebilde und ist unwichtig. Es gibt keinen Stein mit einem Stich ins Orange, der wertvoll wäre. Wenn wir dem Rubin, dem Smaragd, dem Saphir entkommen sind, wenn wir uns vom Brillanten befreien wollen, kehren wir doch wieder zum Brillanten, zum Smaragd, zum Rubin zurück. Oder aber wir müssen auf diese hier zurückgreifen.»

«Diese hier», deren Namen die Durchsichtigkeit, das Fließende beschwören, finde ich reizvoll. Der Chrysolith mit seinem leicht bronzenen, unwandelbaren Grün, der farblich schillernde Turmalin, der zugängliche Rubinspinell, der Aquamarin in der Farbe wirklichen Meerwassers, und ich werde mich hüten, euch zu vergessen, ihr schelmischen Chrysoberylle; morgens seid ihr grün, und abends entlockt euch der Schein meines blauen Fanals ein angenehm dissonantes, rötliches Blau.

«Ja aber, warum soll man nicht tatsächlich auf diese hier zurückgreifen?»

Doch der Herr der Schatulle zeigte sich ihnen gegenüber vorwiegend resigniert:

«Nett», sagte er. «Amüsant. Ich benutze sie gern zum Bepflastern von Zigarettenetuis, für Gürtelschließen, für gröbere Arbeiten. Man hat sie schon oft für Kitsch mißbraucht. All unser Erfindungsgeist kann ihnen das, was ihnen fehlt, nicht geben.»

«Ja, was denn? Lieber Freund, Sie wollen doch nicht in diesen Snobismus verfallen, ihnen ihren Mangel an Härte, an Modischkeit, an Seltenheit und Beständigkeit vorzuwerfen?»

Er unterbrach mich mit einer Handbewegung und verwirrte mich mit einem Wort:

«Nein», sagte er. «Ich finde, daß Ihnen der Blick fehlt.»

Abends bekomme ich immer Besuch. Gestern war es Mariette Lydis und ihr grau-grüner Papagei. Vorige Woche hatte ich die kleine freundliche Dame, Frau Margat, und ihre Chamäleonfrau bei mir. Ja, mein lieber Miomandre, stellen Sie sich vor, eine Chamäleonfrau. Ich glaube nicht, daß sie ihr kleines Männchen, das in unserem Klima eingegangen ist, lange überleben wird. Sie schlief in seinen Armen, mit denen er sie die ganze Nacht umschlungen hielt. Als sie Witwe wurde, wollte sie auch sterben. Seit einigen Tagen ist sie wieder bereit, ein bißchen zu essen, aber ihre Haut ist stumpf und zu weit. Die freundliche Dame, die sie mir gebracht hat, hatte den Käfig auf mein Tischbänkchen, unter mein blaues Leuchtfeuer gestellt, und langsam, ganz langsam, wie angesaugt, kletterte die Chamäleonfrau zur Quelle des Lichts und der Wärme. Unter ihrem Dach aus Gitterstäben angekommen, wurde sie wieder vollständig regungslos. Immer errichten wir zwischen einem Tier und der Freiheit ein Dach, eine Wand, ein Gitter. Mit Händen und Schwanz an einen belaubten Ast geklammert, imitierte die Chamäleonfrau mit ihrer gesamten Hautoberfläche das unregelmäßige Grün der Blätter, während mal das eine, mal das andere ihrer Augen, die einer winzigen, altmodischen Lorgnette glichen, spitze Blicke gegen die Lampe schleuderte.

Ich beobachte, ich frage. Ich weiß so wenig über das Chamäleon. Doch ich habe die Möglichkeit, Frau Margat an Francis de Miromandre zu verweisen, und das heißt viel. Es heißt auch viel, von Frau Margat zu erfahren, daß die einsame kleine Kreatur auf die Spitze einer Flasche klettert und ihr Kinn auf dem Korken ruhen läßt. Daß sie abends von selbst wieder in ihr Laubhaus zurückgeht. Daß sie sich im Obstkorb einnistet und eine Banane zusammendrückt. Daß sie die feuchte Rückseite einer Birnenschale ableckt.

Nicht immer bin ich mutig, vernünftig genug, jene, die ich meine Abendbesucher nenne – Vogel, Katze oder Hund –, von meiner Tür zu weisen. Sie hinterlassen hier eine Fährte, die Spur der Kreaturen, die ein starkes Gefühl mit mir verband. Nur ihre Anwesenheit macht mir Freude, ihr Weggang veranlaßt mich zu zunehmender Entsagung, zu dem Entschluß, mir den Kontakt, das Fell, die Pfote, das tiefe Auge, das Lächeln zu versagen. Normalerweise begleiten mich meine Abendbesucher durch meine Stunden und nähren die hartnäckigen Elemente einer Flamme, eines Zwiegesprächs in mir. Der (braune) Pudel der Carcos geruht von Zeit zu Zeit, sich hier zu langweilen. Der (braune) Pudel von Hilda Gélis-Didot löst ihn ab und langweilt sich nicht minder. Er heißt Unic und stößt tiefe, erschöpfte Seufzer aus; er sieht nach der Uhr und legt seiner Herrin einen Handschuh, eine Leine, eine Tasche vor die Füße, lauter Gegenstände mit deutlichen Anspielungen. Wenn Hilda sie nicht beachtet, resigniert er und kaut melancholisch auf einem Kriminalroman, einer Sandale oder dem kleinen Flurbesen herum. Was für ein Unterschied zur Lebensfreude eines Papageis! Anatol-aus-dem-Entresol ahmt das Bellen eines Wachhundes, das Miauen der Katze, die menschliche Stimme aufs beste nach. Und ich rate keinem Einbrecher, seinem krummen Schnabel, der einen Kotelettknochen säuberlich durchtrennt, zu nahe zu kommen.

Gestern abend mochte der andere Papagei, der von Mariette Lydis, es gar nicht, daß man ihn wieder in sein Transportwägelchen stecken wollte. Der Vogel ist kaum größer als eine Wachtel, und, von einem sanften Schrei abgesehen, stumm. Eingesperrt verlangte er sofort seine Freiheit zurück, indem er in Serien von dreimaligen Schnabelhieben in gleichförmigem Rhythmus fest gegen die Holzwand klopfte: tock-tock-tock . . . tock-tock-tock. In allen Ländern der Welt üben sich die Gefangenen darin, die Sprache der Klopfzeichen zu sprechen. Doch wo hatte er gelernt, bis drei und sogar bis dreimal dreimal drei zu zählen?

So wird zwischen dem Tier und mir ein gegenseitiges Einvernehmen bewahrt, das mein Leben mal bereichert, mal verdüstert. Jeder meiner Freunde trägt sein Teil dazu bei. Aus Amerika bekomme ich Ausschnitte aus Illustrierten, auf denen ich sehe, wie eine Kartäuser-Katze Modelle einer Luxus-Babyausstattung und in ihrer Größe hergestellte Hüte vorführt, wie zwölf Züge der New Yorker Subway hintereinander angehalten haben, um die Rettung eines Katers zu ermöglichen, der in einen Entlüftungsschacht gefallen war, und wie ein anderer mit einer Reihe von Bewegungen verschiedene Riegel und Schlösser öffnet. Aber «Mimile» Blanchar kann das genauso gut, und von ihr hat man keine Fotos in die Zeitungen gesetzt. Nachrichten aus Bordeaux: eine schöne Boxerhündin hat elf Welpen in die Welt gesetzt! (»Madame Colette, was sollen wir tun? Sie sind alle süß, aber meine Hündin wird zu sehr angestrengt. Was raten Sie mir?» Antwort: «Kaufen Sie eine gute Milchziege.»)

Nachrichten von anderswo: «Madame Colette, ich habe ein sehr hübsches Seepferdchen für Sie.» Ich denke an den Vorschlag von Vater Raux zurück: «Eine nette, vier Monate alte Löwin, würde

Ihnen das keinen Spaß machen? Sie schläft auf meinem Bett.» Ach nein, ich will kein hübsches Seepferdchen. Nicht einmal eine sanfte Tintenschnecke mit großen, verträumten Augen, wie jene, die sich im Ozeanographischen Museum von Monaco schmeichelnd in die Handmuschel ihres Wärters und Freundes schmiegte. Vor allem keinen Affen, einen zu Unrecht wegen seiner Ähnlichkeit mit einem traurigen kleinen Männchen verhöhnten Affen.

Eine kleine Chamäleonfrau, eine polnische Nachtigall, ein paar Papageien, ein jovialer und sanfter Boxer, Zorro Piguet, schweinslederfarben, schwer wie ein voller Koffer, der winzige Pekinese, der Germaine Fraysse sein gesamtes kurzes Leben einer hingebungsvollen Elfe weihte, Crockie de Polignac, die goldbraune, für hysterische Schwangerschaften anfällige Dachshündin. Sie ist schnell abgeschlossen, die Liste meiner Abendbesucher. Der Garten Eden, der uns erlaubt ist, hat nichts von einer Arche Noah.

Ganz für mich allein besitze ich nur noch ein lebendes Tier, das ist das Feuer. Es ist mein Gast, es ist mein Werk. Ich verstehe, das Feuer anzufachen, das Feuer auszumachen. Im Freien das Feuer mit einem kreisförmigen Graben zu umgeben, damit es schön brennt, ohne daß Funken in die Scheunen fliegen und die Heuballen in Brand setzen. Ich weiß, daß es die geraden Zahlen nicht mag, daß drei Scheite besser brennen als zwei und sieben besser als vier und daß es ihm wie allen anderen Tieren gefällt, wenn man es unter dem Bauch krault.

Zwischen ihm und mir gibt es eine alte Frage, die auszuräumen ich mir Zeit genug nehme, da es ja drei Viertel des Jahres bei mir brennt, in meinem Zimmer, das sich seinen Farben – Rot und Weiß – und seiner Gegenwart angepaßt hat. Ich zehre ohne Unterlaß von ihm. Ohne Unterlaß, aber mit einer gewissen Knauserigkeit. Ich nähre es reichlich, wobei ich aber so tue, als gäbe ich ihm Almosen. Ich zeige ihm, daß ich aus der Ferne, aus der Provinz komme, wo man lernt, Holz und Brot nicht zu vergeuden. Ich speise es mit Holzsplittern, Reisig und trockenen Blättern ab und will bei ihm das letzte Wort haben – der alte, im Umgang mit Tieren erworbene Ehrgeiz des Dompteurs. Es belohnt mich, indem es sich auf die geringste meiner Opfergaben

stürzt. Es schmeichelt mir, erleichtert mir meine kleine, automatisch gewordene Beschwörung: die beschwörerische Seite verliert dadurch nichts.
Der Kamin, in dem ich mein Feuer zelebriere, ist eine alte Konstruktion, die – möchte ich wetten – nicht von einem einfachen Maurer stammt. Im Palais-Royal haben wir hier und da Türgriffe und -füllungen im Salonstil und schöne Kamine. Der meine hat seinen Marmor verloren, der von einer Art rosa-beiger Gelatine ersetzt wurde. Davon unbeschadet hat er sein Wesen, seinen Appetit auf Hitze, seine Folgsamkeit als Gerät bewahrt, das, mit dem Leben des Menschen eng verbunden, zu dessen elementarem Wohlbefinden beiträgt.
Jene, die bei einem Feuer nachgesonnen haben, wenn die jenseits des Fensters herabgesunkene Nacht ihnen ein sicheres Gehege gewährleistete, jene brauchen nicht mehr zu befürchten, daß sie, während sie an einem Feuer sitzen, der in der Dämmerung wie ein Wolf wirkende Hund zusammenfahren läßt. Es ist Sache der Anfänger, Last, Alter, Furcht und Leiden so stark zu empfinden. Lassen Sie mich meine kleine Geisterbeschwörung murmeln:

Wie süß unterhält den Gefangenen das Feuer
An langen Winterabenden, wenn Frost eindringt.
Ganz nah bei mir wärmt sich ein gutes Ungeheuer,
das trinkt und raucht und alte Lieder singt.

Von wem ist das? Ich würde fast sagen: von mir. Bei einem Lesewettbewerb in meinem Bezirk wurde von uns Zwölf- und Dreizehnjährigen nämlich verlangt, mit lauter, ausdrucksvoller Stimme Verse und Prosa zu lesen. Und zwar hatte ein wohlgesonnener Mann in der Kreisstadt festgestellt, daß in unserer Gegend kein Kind anders als stotternd lesen konnte. Er war empört, meldete die große Gefahr, in welche die Unwissenheit im Departement der Yonne ganz Frankreich unweigerlich stürzen würde, und schuf einen Vorlesepreis. Ein rotgoldenes Buch und ein Diplom bestätigten, daß Gabrielle-Sidonie Colette im Alter von zwölfeinhalb Jahren lesen konnte, und belohnten mich dafür, beim Lesen gestottert, «der trinkt und raucht» gesagt und aus Versehen Madame de Sévignés Prosa verbessert zu haben.

Wie süß unterhält den Gefangenen das Feuer
An langen Winterabenden . . .

Vielleicht sind sie tatsächlich von mir, diese mittelmäßigen Verse. Von mir, wie das Feuer, wie alles, was mich nachts umgibt.
Ein Vers braucht nicht immer schön zu sein, um sich tief in unserem Gedächtnis einzunisten und dort schlau den Platz zu besetzen, den bestimmte, gewiß verwerfliche, aber unbezwingbare Melodien erobern.

Wie süß unterhält den Gefangenen das Feuer . . .

Die Nachtlektüre ist eine fragwürdige Hilfe. Sicherer als ein Buch ist das Dekor, das ich zu Ehren der Minuten und der Stunden zusammengestellt habe. Ich erreiche bei meiner Schlaflosigkeit nicht immer einen ganz wachen Zustand, aber es ist selten, daß es mir nicht mit einer Art geistiger Sammlung gelingt, die die Angst vor dem Ungewöhnlichen aus diesem Ort und aus mir vertreibt. Es ist nicht später als drei Uhr, und noch wird es nicht heller über den Giebeln der Dächer. Unter der Voraussetzung, daß an jeder Säule eine Laterne steht, könnte ich von hier aus die Arkaden des Palais-Royal zählen. Das Haus wird von so friedlichen Menschen bewohnt, daß ich niemanden schlafen höre, aber das Fallen der Feuerzange in meinem Kamin würde den unruhigen Schlaf dessen ruinieren, der zwei Türen weiter schläft. Nun, wenn ich heute abend auch bewegungslos bin, so bin ich doch nicht ohne Vorhaben, denn in mir rührt sich – außer diesem mit einer dicken Schraube bohrenden Schmerz – ein Aufbäumen, das ich im Laufe meines langen Lebens mehrmals verleugnet, dann überspielt und endlich akzeptiert habe, denn Schreiben führt nur zum Schreiben. Demütig werde ich weiterschreiben. Es gibt kein anderes Los für mich. Aber wann hört man auf zu schreiben? Wie kündigt das Ende sich an? Durch ein Ausrutschen der Hand? Früher habe ich geglaubt, daß es mit dem Schreiben genauso ginge wie mit anderen Aufgaben. Man legt das Gerät hin, ruft freudig: «Fertig!» und klatscht in die Hände, aus denen Sandkörner rieseln, die man für kostbar hielt. Und dann liest man aus den Figuren, die die Sandkörner schreiben, die Worte: «Fortsetzung folgt.»

Nachwort

«Es ist so schwierig, nicht zu bewundern.» Colette ist fünfundsiebzig Jahre alt und seit langem fast ständig ans Bett gefesselt, als sie diesen Satz niederschreibt, der ihre ganze Existenz als Schriftstellerin und Frau charakterisiert.

Blaue Flamme, ihre letzte, 1949 veröffentlichte Arbeit, die hier erstmals deutsch vorliegt, ist in besonderem Maße ein Buch der Bewunderung. Wohl gehört die Fähigkeit, rückhaltlos zu bewundern, heute nicht gerade zu denjenigen, die man von einer Autorin vorrangig erwartet. Doch wer sich auf diese Seiten einläßt, mag in ihnen eine – hart erworbene – Freiheit entdekken, die unserm auf unablässige Konfrontation mit den Ursachen von Behinderung und Einengung fixierten Denken überlegen ist. Die Bewunderung der Colette hat nichts von scheuer Ehrfurcht an sich; ihre selbstbewußte Bewunderung – für Wasserkastanien, die Stimme von Jean Marais, schweizerische Milchkannen, Sperlinge, Pudel, die Schauspielkunst ihrer Freundin Moreno, gebogene Nähnadeln, einen Brillanten, die Gelassenheit einer Patronne, Werkzeuge oder die Erfindungen einer Putzmacherin – ist gierig, wenngleich nicht habgierig; sie verleibt sich nichts (außer den Dingen freilich, deren wahre Bestimmung es ist, gegessen zu werden!) und niemanden ein, aber sie kost und kostet, sie befühlt, beriecht, beäugt: schamlos sinnlich und zärtlich differenzierend. Es scheint keine Hierarchie (und damit keine Politik) zu geben im Weltbild der Colette, kein Oben und Unten, keine Herren und Beherrschten; jeder Gegenstand, jeder Mensch, jede Pflanze, jedes Tier und jeder Stein hat für ihre Sinne einen Willen, ein Eigenleben und vor allem eine Stimme. Wenn ein Blumenstrauß über die Treppen zu ihr «emporsteigt», wenn ein weltgewandter Hund sich lauthals mit ihr über Trinkwasserquellen unterhält, dann muß noch der mürrischste Leser zu dem Schluß kommen, daß er ihrer Welt mit einem Urteil wie: «schrullige alte Dame, die sentimental alles um sich herum vermenschlicht» nicht gerecht wird. Wenn die Colette ohne Respekt vor den Gesetzen der sogenannten Realität die Dinge zum Handeln, die Tiere zum Sprechen bringt, dann gewährt sie dem Leser – mit einem kaum merklichen Zwinkern ihrer Kajal-umrandeten Mandelaugen – die Gunst, an ihrer magischen Gabe teilzuhaben; der Gabe, die Lebendigkeit des scheinbar Unbelebten zu erfassen, die Sprache der stummen Kreatur zu entziffern.

Eine seit früher Kindheit gepflegte Gabe. Sidonie-Gabrielle Colette wurde 1873 in Saint-Sauveur-en Puisaye, einem Dorf in Burgund, geboren, viertes Kind von «Sido» (wie alle die Mutter nannten), die nach einer schlimmen ersten Ehe nun mit dem sanften, liebenswerten Steuereinnehmer Jules-Joseph Colette verheiratet war. Als jüngste Tochter einer eigenwilligen, die Natur und die Freiheit über alles liebenden Frau, die den Menschen ihrer Umgebung den größtmöglichen Spielraum zugestand und von der Religion wenig hielt, erlebte Sidonie-Gabrielle eine überaus glückliche, ländliche Kindheit, die sie später in den *Claudine*-Romanen und in *Sido* schilderte. Niemand hinderte sie daran, allein durch Wiesen und Wald zu streifen, im Sommer um halb drei morgens aufzustehen, um den Sonnenaufgang zu beobachten, sich stundenlang mit Blumen, Insekten, Vögeln, Katzen zu beschäftigen. 1873 heiratete sie, nach zweijähriger Verlobung, Henry Gauthiers-Villars (bekannt als «Willy»), den Sohn eines Jugendfreundes ihres Vaters. Willy, siebzehn Jahre älter als sie, hatte in Paris als Lebemann, Journalist und Verfasser von Büchern zu einer Vielzahl von Themen bereits einige Berühmtheit erlangt. Als «Willys Frau» tauschte sie die Freiheit des Landlebens gegen eine düstere, schäbige Pariser Wohnung, endlose Stunden des Wartens und gelegentliche nächtliche Streifzüge durch Cabarets und Cafés ein; aber sie wurde bisweilen auch in Konzerte und ins Theater mitgenommen und durfte Gauthiers-Villars in die Salons begleiten; lernte Debussy, Ravel, Gide, Cocteau und Mauriac kennen.

Einsam und deprimiert, angeekelt von Willys zahllosen Affären und mehr noch von seiner Gepflogenheit, die Werke hungriger Unbekannter für geringe Summen aufzukaufen und als eigene

Bücher zu veröffentlichen, eine Schar erbärmlich entlohnter Ghostwriter mit Stichworten zu versorgen und ihre ausgearbeiteten Artikel unter seinem Namen zu publizieren, wurde Sidonie-Gabrielle ernstlich krank. Freunde kümmerten sich um sie, benachrichtigten Sido, die nach Paris kam und ihre Tochter gesundpflegte.

Im Juli 1895 verbrachten Colette und Willy einige Ferientage im Schulhaus von Saint-Sauveur, eingeladen von der Rektorin (die ihre Gastfreundschaft später bitter bereute, weil allgemein angenommen wurde, sie habe das Modell für die Gestalt der lesbischen Schulleiterin in *Claudine in der Schule* abgegeben). Wenige Monate später schlug Willy seiner unter dem Pariser Winter leidenden Frau vor, ihre Erinnerungen an die Schulmädchenzeit niederzuschreiben. Gehorsam kaufte sie sich ein paar Schulhefte und machte sich an die Arbeit. Gewürzt mit appetitanregenden Zutaten des in seiner Kenntnis des Zeitgeschmacks unschlagbaren Willy, lag *Claudine à l' école* schließlich 1900 in den Buchläden – unter *seinem* Namen. Colette war in den Kreis seiner Geisterschreiber aufgenommen. «Willy haben viel Talent», hieß es im literarischen Paris.

Bis 1903 waren auf Willys Betreiben, der die Gunst der Stunde zu nutzen und seine Lieferanten bestens auszubeuten verstand (er pflegte seine Frau vier Stunden täglich im Arbeitszimmer einzuschließen), drei weitere *Claudine*-Romane geschrieben und veröffentlicht. Claudine-Kragen, Claudine-Cremes, Claudine-Zigaretten erschienen auf dem Markt. Willy posierte auf tausendfach gedruckten Fotografien als «Claudines Papa»; 1902 feierte die Sängerin und Schauspielerin Polaire in einer von Willy (und Koautoren) verfertigten Bühnenfassung von *Claudine à Paris* einen rauschenden Erfolg; einige Jahre später spielte Colette selbst, der Willy Tanz- und Schauspielunterricht hatte geben lassen, die Rolle der Claudine und ging mit dem Stück auf Tournee.

Der große finanzielle Erfolg trug auch der Schreibsklavin eine Spur Freiheit ein. Die Sommer über konnte sie nun auf einem Gut bei Besançon leben, das Willy erworben hatte; sie begann den langen Kampf gegen Willys verfälschende Eingriffe in ihre Texte, um eine eigene künstlerische Identität und um die Nennung ihres Namens auf den Buchumschlägen. 1904 erscheint das erste Buch unter einem Namen, der einen Kompromiß darstellt: *Dialogues des bêtes*, von Colette Willy. Mühselig befreit sie sich aus der persönlichen und professionellen Abhängigkeit von dem Mann, der ihr alle Selbstachtung genommen und sich auf ihre Kosten zum populärsten Literaten Frankreichs aufgeschwungen hatte. 1906, dreiunddreißig Jahre alt, bezieht sie eine eigene Pariser Wohnung, 1910 läßt sie sich scheiden; aber erst dreißig Jahre später, nach Willys Tod, wird sie in *Mes apprentissages* die Geschichte ihrer geistigen Knechtschaft erzählen.

«Nur am ersten Mann stirbt man», schrieb sie. Und später: «Dieser Mann kommt stets mehr als einmal in unser Leben. Sein zweites Erscheinen flößt weniger Furcht ein . . .» Der zweite Mann ist Henry de Jouvenel, Mitherausgeber der Zeitung *Le Matin*, für die Colette 1910 zu schreiben beginnt. Zwei Jahre später heiraten sie, und 1913 wird ihre Tochter Colette de Jouvenel geboren. Zu sich selbst zurückgefunden zu haben scheint Colette jedoch durch die Beziehung zu einer Frau: der Marquise de Belbeuf, «Missy», die durch ihr maskulines Auftreten, ihre Vorliebe für Smokings und Overalls Stoff für Klatsch in Fülle abgab. Stützend und fördernd – «durch ihre Anwesenheit wird alles leicht» –, ohne Ansprüche auf ausschließliche Zuneigung zu stellen, begleitet Missy Colette zwischen 1907 und 1910 auf ihren Theatertourneen. Vier Bücher erscheinen in dieser Zeit, *La Retraite sentimentale, Les Vrilles de la vigne, L'Ingénue libertine* und *La Vagabonde*.

Als Colette und Henry de Jouvenel sich 1923 trennen, liegen ein halbes Dutzend weiterer Bücher von ihr vor, darunter *Mitsou* und *Chéri* sowie *Le Blé en herbe* – erstmals unter dem Namen Colette. Sie hat während des Krieges aus Italien berichtet, die literarische Redaktion des *Matin* geführt, Theater gespielt, ist Ritter der Ehrenlegion.

1925 lernt Colette Maurice Goudeket kennen, den sie 1935 vor einer Reise ins «prüde New York» heiratet und mit dem sie bis zu ihrem Tod zusammenlebt; er ist der «beste Freund» in *Blaue Flamme*, und von ihm stammt der einsichtige Satz: «Fast immer gebrauchte sie nun ein Vergrößerungsglas, nicht weil ihre Seh-

kraft geringer geworden wäre, sondern weil sie genauer sehen wollte.»
Colette starb 1954 als Präsidentin der Académie Goncourt. Da die Kirche ihr wegen ihrer drei Ehen ein christliches Begräbnis verweigerte, trat Graham Greene mit einem empörten Brief an die Öffentlichkeit – eine postume Ehre, die sie sowenig beeindruckt haben würde wie das Staatsbegräbnis, das ihr als einziger Französin zuteil wurde. – «Es gibt so viel zu sehen, wenn man gemächlich dahinrollt. Die Oberflächenstrukturen, die von der Schnelligkeit verwischt werden, treten wieder hervor. Es hat mich viele Jahre und Unannehmlichkeiten gekostet, das Recht auf Langsamkeit zu bekommen, das Recht, nach Laune bei der Narzisse, beim purpurn gesprenkelten Knabenkraut, bei der wilden Erdbeere haltzumachen . . .»

701/3

neue frau

Lange bevor man in einer breiten Öffentlichkeit über die Situation der Frauen in der Männergesellschaft zu diskutieren begann, veröffentlichte der Rowohlt Verlag die grundlegendsten Werke zu diesem Themenkreis von Simone de Beauvoir, Betty Friedan, Phyllis Chesler u. a.
Mit der Reihe „neue frau" wird diese Tradition fortgesetzt.

Bücher, die einen Beitrag zur praktisch gelebten Rollenbefreiung leisten können. NDR

Elisabeth Albertsen
Das Dritte
Geschichte einer Entscheidung
(4134)

Marie Cardinal
Schattenmund
(4333)

Martien Carton
Eine Frau ist eine Frau ist eine . . .
(4302)

Judith Beth Cohen
Jahreszeiten
Roman aus Vermont
(4313)

Colette
Blaue Flamme
(4371)

Margaret Drabble
Gold unterm Sand
Roman
(4262)

Françoise d'Eaubonne
Das Geheimnis des Mandelplaneten
Ein Science-fiction-Roman
(4253)

Barbara Frischmuth
Die Klosterschule
(4469)

Évelyne und Claude Gutman
In der Mitte des Betts
Roman
(4143)

985/1-1a

B 1/XII — '79